Bisedë me dhjetë miq

Titulli në origjinal: *Bisedë me dhjetë miq*
Copyright 2017 © Albana Shala
ISBN: 978-90-827058-1-2
Carabela Books - Amsterdam

Bisedë me dhjetë miq

Albana Shala

Përmbajtja

Dy fjalë lexuesit	1
Albina	7
Andrea	27
Gazi	49
Më thuaj me kë rri, të të them se cili je	65
Greta	71
Blandi	97
Iris	129
Lazër	149
Ladi	169
Për punën	185
Eda	191
I dhjeti 'në bronx'	215
I munguari	221
Mbyllje	235
Fjalë mirënjohjeje	237

Për Andrean

Dy fjalë lexuesit

KAM VITE QË JAM LARGUAR *nga Shqipëria. Nuk ka çast që të mos e ndjej veten shqiptare. Prindërit e mi më kanë dhënë emrin Albana. Lidhja e drejtëpërdrejtë e emrit të vendlindjes me emrin tim vetëm sikur ja ka shtuar ngarkesën emocionale të vendimit që mora më shumë se njëzet vjet të shkuara për të qëndruar në Holandë. Falë gjuhës, zakoneve, familjes, miqësive dhe kujtimeve nuk mund të 'çlirohem' nga prejardhja ime, nga vendi im. Si Hënë i sillem rrotull dhe e këqyr me mall, me gëzim e me trishtim. Çdo ndërtim, rregullim, riparim e zbukurim atje më gëzon. Çdo histori me krim, dhunë, korrupsion më trishton e më indinjon.*

Si një Hënë në orbitën e Shqipërisë, bëj-çbëj dhe ribëj një botë të vogël timen shqiptare. Ajo botë është e populluar me shokë e miq me të cilët kam ndarë fëmijërinë e rininë. Potretet e disa prej tyre do t'i lexoni në faqet e këtij libri. Ndoshta ata nuk e dinë që jetojnë kaq intensivisht me mua, në këtë dimension. Dhe më mirë kështu. Sepse ndryshe malli do të na i lidhte duart dhe kokën do ta mbanim gjithnjë pas. Më mirë ta imagjinoj veten të ulur me ta, me një gotë verë, në shtëpinë time në Amsterdam. Më mirë të fantazoj se si do të ishte po të udhëtonim së bashku nëpër botën e madhe, gjë që e kemi ëndërruar dikur, apo se si njëherë do të mund të mblidhemi të gjithë e të festojmë buzë detit në Shqipëri.

Kur isha 18 vjeç guxova dhe u thashë prindërve të mi: 'se unë kam jetën time!' Ata buzëqeshën e tërhoqën edhe më shumë nga vetja fijet e dukshme dhe të padukshme që na lidhnin. A nuk po përpiqeshin edhe ata, po më kot, të kishin jetën e tyre?

Miqtë e mi i kanë dalë zot jetës së tyre. Ata sot janë individë të lirë, burra e gra, nëna e baballarë, disa edhe gjyshër. Edhe ata jeta i lidh me shumë fije të dukshme e të padukshme brenda dhe jashtë Shqipërisë. Pas kaq vitesh ne kemi mbetur miq, vetëm me dashje. Asnjë detyrim, asnjë autoritet, asnjë idelogogji apo forcë e lartë nuk na shtyn drejt njëri tjetrit. Me disa vërtetë shihem rrallë, shumë rrallë. Tashmë falë Internetit shkëmbejmë lajme, fotografi, ndajmë kujtime e mbresa, dhe mbi të gjitha përpiqemi të ndajmë më shumë nga e sotmja. Portretet e tyre në këtë libër janë të kohës së sotme, janë portrete që mund të ngrihen vetëm me dijen dhe me përvojën që na ka dhënë jeta përpara dhe pas viteve 90.

Në parantezë do të ishte shumë bukur e me interes sikur të kishim pasur mundësi të dokumentonim bisedat tona të para 25 – 30 vjetëve dhe ti krahasonim me këto të viteve të fundit. Mbaj mend mirë që në ato biseda frymonte dëshira për të ndryshuar, për të qenë të lirë e të përveçëm, po aq sa frymonte pakënaqësi, indinjim, trishtim dhe frikë. Se atëherë edhe muret kishin veshë.

Ideja e këtij libri u konceptua atëherë kur e kuptova dhe ndjeva me gjithë qenien time që pa miqtë e mi, Shqipëria nuk do të peshonte aq rëndë, dhe nuk do ti sillesha rrotull si Hënë. Janë ata, që i japin kuptim kthimit në shtëpi, janë ata, që e bëjnë Shqipërinë e sotme timen. Janë ata, dhe shumë miq të tjerë, të cilët nuk janë përshirë në këte libër, që e mbajnë në balancë sistemin tim planetar.

Ky libër është ndoshta edhe kronikë e kohës që jetojmë, është përshkrim i asaj që ndodh e na lë shenjë. Është një përpjekje për të rigjetur njëri tjetrin si individë dhe si grup, i cili pati fatin të jetojë në Shqipërinë e mbyllur nga diktatura dhe më pas të gëzojë lirinë e demokracisë. Nëse nuk do të gjëja kohë të merresha me këto shkrime, do të ndihesha e mangët dhe jo e plotë.

Libri është edhe një përpjekje për të ndarë një copë jete Shqipërie edhe më ata që nuk janë shqiptarë dhe duan të dinë diçka (më shumë) për këte vend të vogël e njerëzit e tij.

Shkrimtari Claudio Magris i referohet identitetit si 'një tjetër tmerr, sepse ja detyron ekzistencën e tij gjetjes së një kufiri dhe mospranimit të çfarëdo lloj gjëje që është në anën tjetër' (Magris, Microcosmos, 2000). E sjell këtë përcaktim sepse ne u lindëm dhe u rritëm në një vend krejt të vetmuar e të izoluar që identitetin e secilit shqiptar e ngrinte në kundërshtinë e refuzimin e pakuptimtë thuajse të gjithçkaje që vinte nga bota që na rrethonte. Jam krejt e ndërgjegjshme që përzgjedhja e disa miqve të mi, dhjetë e jo më shumë, për të qenë personazhe të këtij botimi, është personale dhe deri diku edhe e rastësishme. Të gjithë m'u përgjigjën menjëherë, gjithë dashamirësi e seriozitet, kur i pyeta nëse mund të bisedonim për një libër që do të kishte në qendër miqësinë tonë e jetën e tyre. Ata nuk janë figura e personalitete publike, megjithëse prirjen e ndonjërit për tu bërë i/e tillë dhe faktin që, do s'do, në Shqipërinë e vogël individët e shpirtrat e lirë spikasin.

Pra pa dashur që ky libër të dominohet nga VIP-a, nga politikanë dhe njerëz të shquar të cilët i shohim gati çdo ditë në ekran, tek vendosin për fatet e vendit e flasin në emrin tonë në parlament e forume, kam synuar të dokumentoj jetën dhe 'bëmat' e njerëzve 'të zakonshëm', të atyre që mund ti takosh në rrugë, në kafene, në plazh, në rradhë, në palestër, në aeroport, në kopshtin e fëmijëve. Asnjëri prëj nesh nuk pretendon që të përfaqësojë një brez, aq më pak një popull të tërë. Por duke përshkruar dhe, deri diku, reflektuar për veten, miqtë e mi ndajnë jetë, gëzim, përpjekje e nerv jo vetëm me mua, por edhe me ju, me të gjithë ata që rreken ti përgjigjen pyetjes: nga vimë? Ku jemi dhe ku po shkojmë? Aq më tëpër po të kemi parasysh njëmijë fijet e padukshmë të mbijetesës tonë të mbyllur, e cila i përngjante jetës së personazheve të 'Middlemarch' romanit historik të George Eliot. Që në 1870, shkrimtarja e madhe përdorte metaforën e rrjetit për të përshkruar jetën në provincë kur shkruante: 'shoqëria është një rrjet, prej të cilit nuk mund të veçosh asnjë fije pa prekur gjithë të tjerat'.

I gjithë libri është bazuar tek intervista. Ischa Meijer, një nga gazetarët më të mirë holandezë të shekullit të kaluar, i njohur si mjeshtër i intervistës thoshte që një pyetje e mirë e lë çdo përgjigje në hije. Ky nuk ka qënë synimi im. Në fakt, nëse ka zbehtësi e cektësi aty këtu kjo ka të bëjë vetëm me mungesën e përvojës time për të trajtuar çështjet e ndjeshme që ngrenë miqtë e mi në këto shkrime. Nuk mendoj që biseda jonë mbaron këtu, sepse as pyetjet dhe as përvojat nuk kanë të shterrur.

Dy fjalë lexuesit

Më pas Meijer shton: 'Në fakt nuk më pëlqen që kur intervistoj të kem pranë edhe një njeri tjetër, i cili ka mendimet e tij dhe do të thotë se s'bën atë që mendon. Për shpirt, do ti kisha thënë: Unë vërtetë po të intervistoj, po ti më mirë shko në shtëpi. Sepse përgjigjem unë për ty, dhe sinqerisht, të siguroj që do të dalë mirë e bukur!'

Me këtë i falenderoj të gjithë miqte e mi për kohën, për besimin, për dëshirën për të reflektuar e zbuluar veten, duke u vënë në qendër të vëmendjes.

Nuk jeni të përsosur dhe prandaj jeni të mrekullueshëm. Ju faleminderit!

Albina

Unë isha busulla e atij deti:
Unë isha bota që kisha parë, ndjerë e dëgjuar,
shtegu i rrahur,
Gjithçka kishte ardh prej meje, vetes.
Më të vërtetë, më të pakuptueshme.
Wallace Stevens

ALBINA U FUT NË JETËN *time pa zhurmë. Ajo ishte bjonde, nga Vlora, me shpatulla të gjëra, si gjithë fëmijet që rriten pranë detit. Studionte anglisht si edhe unë dhe banonte në shtëpinë e hallës së saj, aty në fillim të rrugës së Kavajës, jo larg Lidhjes së Shkrimtarëve. Më pas aty afër u ngrit Hotel California, u hap edhe një pikë karburanti, dhe së fundi u bë funksionale edhe një Xhami, e cila së bashku me Kishën Katolike dhe Kishën Ortodokse, ka ndarë tradicionalisht të njëjtën rrugë.*

Rruga e Kavajës ishte rruga ime dhe e shumë moshatarëve të mi që jetonin e frekuentonin shkollat e asaj lagjeje. Në oborr të shtëpisë së hallës të Albinës kundërmonte një manjolë lulebardhë. Sa herë kam ndër mend Albinën ndjej edhe praninë e kopshtit me pemë përpara asaj shtëpie. Ai sikur i jepte bisedave tona të pafund një dozë romanticizmi dhe harmonie me natyrën. Me Albinën kam ndarë pasionin për letërsinë, magjepsjen prej detit, ndjenjën e humorit dhe ëndrrat rinore. Albina i ngjan mamasë së saj, Gjinofevës. Ajo qesh, flet e bën humor, dhe mbi të gjitha në çdo gjë shikon një mundësi. Në ato vite, Albina përfaqësonte për mua njerëzit e Bregut, ndoshta edhe sepse nuk e njihja mirë atë zonë të Shqipërisë.

Ndryshimet politike në vënd e gjetën Albinën në vitin e fundit të studimeve. Së bashku me qindra studentë të tjerë, të uritur e të lodhur nga dogmat e fjalimët, ajo protestoi. Bëri atë që bëjnë gjithkund studentët, vuri në pikëpyetje rendin dhe ligjin. E kush më mirë se Albina mund të protestonte e të mobilizonte shokë e shoqe?! Përpara se të fillonin protestat e studentëve, Albina kishte vrarë frikën. E dashurar me George (Jorgon), punonjës i ambasadës greke në Tiranë dhe një nga të paktët të huaj që jetonin e punonin atëherë në Shqipëri, ajo kishte treguar që nuk mund të thyhej lehtë, se ishte e besës, se kishte guxim dhe shpirt të lirë.

Në ato kohëra, çdo i huaj ishte armik potencial, në mos edhe spiun. E sigurtë që një punonjës ambasade, një diplomat, duhet të ishte patjetër edhe spiun. Por ja që Albinës nuk i bëri syri tërr dhe nuk deshi t'ia dinte as për shtet, as për front, as për organizatë rinie e as për kërcënimet e sigurimsavë që gjuanin me ngut e me ngërç nëpër Tiranë, sepse po e ndjenin që kohët po ndryshonin. Albina dhe George, si një Romeo grek dhe një Julietë shqiptare, ju përgjigjën dashurisë, duke vënë në rrezik shumëçka. Falë fillimit të ndryshimeve në vend, ata nuk u flijuan, por arritën të jetojnë së bashku e të ndërtojnë familje. Për dy dhjetëvjeçarë, Albina, si gruaja e një diplomati, ka shëtitur e ka jetuar në shumë vende të botës, që nga Pakistani deri në Peru. Atëherë më shkruante

*që mallin e kishte futur 'në frigorifer' dhe nuk e nxirrte
derisa të kthehej në vendlindje apo derisa të bëheshim mbarë
të takoheshim diku. Dhe nuk është e rastit që nevoja për të
rrëfyer e bëri të shkruajë e të botojë edhe tre libra në shqip.
Tani, pas 25 vitesh Albina së bashku më të shoqin dhe të
birin, Arbrin, jeton në Tiranë. Miqësia jonë i ka mbijetuar
kohës. Një gjë e di me siguri: mikja ime aq sa di të notojë e të
shkojë me rrjedhën, aq është e fortë dhe e ngulur si një copë
shkëmb Shqipërie ngado ku shkon.*

Jam bijë, nënë, bashkëshorte. Të qënit bijë për mua
është baraz me princeshë; bashkëshorte baraz me
femër; nënë me përjetësi. Përse bijë princeshë?
Shtëpia ku jetonim ishte kështjella ime. Mami dhe
babi ishin 'ushtarët mbrojtës' që nuk lejonin askënd
që të pushtonte kështjellën e të lëndonte vajzën e
tyre. Gjithë shtrigat potenciale me mollën e helmuar
bëheshin pluhur e hi prej prindërve të mi. Mjaftonte
të ëndërroja e të imagjinoja një botë timen ku ndodhte
ashtu siç doja unë. Mendërisht isha e lirë. Ndërsa isha
ende bijë, u bëra nënë, dhe kuptova që kisha qenë me
fat. Sepse të jesh bijë e dy prindërvë që nuk i zgjedh
dot është lotari.

Gjithmonë më ka trembur martesa. Më është dukur
si një përgjegjësi e madhe, e ngarkuar me rutinë të
rëndë e të pashpëtimtë, një konstruksion ku nga
dita në dite individualiteti im dhe i bashkëshortit do
të zveniteshin si lecka të harruara në diell. Kështu

e kisha menduar pa u bërë bashkëshorte. Por në të qenit bashkëshorte zbulova veten, në gjithë plotësinë femërore. Jo se nuk isha ndjerë femër më parë, por tashmë kam një dëshmitar konstant të faktit, kam një 'ngacmues' konstant të ndjesisë si grua, kam një furnaltë që më shkrin e një ftohës që më ngrin, bymehem dhe mblidhem, baticë dhe zbaticë, energji dhe materie. Gjithmonë imagjinoj çastet kur shëtisim mbrëmjeve, dy hijet tona herë çiken e herë mbivendosen, herë larg, herë afër, por gjithmonë mbeten dy.

Nënë për mua do të thotë përjetësi. Ja që ekziston përjetësia, pikërisht sepse ekziston lindja, ekzistojnë fëmijët. Kur të mos jem unë, do të vazhdoj të jetoj nëpërmjet tim biri. Kjo është gjëja më e çuditshme, më e bukur dhe e papritur e të qenit nënë, që unë e përjetoj çdo ditë. Nga njëra anë, të qenit nënë më bëri të kuptoj që nuk jam pronare e jetës simë, pra nuk mund të bëj aspak me jetën time çfarë dua. Nuk mund të vetëasgjësohem, nuk mund ta humbas veten, nuk mund ta shpenzoj për kapriçio. Jeta ime tashmë është edhe e tim biri.

Nuk e kisha menduar kurrë kështu dhe ende habitem me veten si e pse ngjet kështu. Sa herë jeta më ka vënë në shtrëngesë, çlirimi im ka qenë fëmija im. Kisha menduar se kur je në vështirësi, të pasurit e një fëmijë do ta bënte edhe më të rëndë e më të vështirë gjithë situatën, por jo, e kundërta me ka ndodhur: çdo gjë më është dukur shumë më e lehtë. Përse më ndodh kjo? Nuk di ta shpjegoj, përveçse me shprehjen klishe 'Fëmija është dhuratë e Zotit'.

Gjëja e parë që më vjen ndër mend kur mendoj se çfarë mund të më bënte të përveçme është fakti që kisha flokë të verdhë. E vetmja 'koklakramë' në lagje e në shkollë. Sikur të ishte vetëm ky epitet, në fakt nofkë, do ta kisha harruar me kohë. Po kjo veçanti ka pasur pasoja për mua. Në fëmijëri në lojrat që bënim në lagje e në shkollë, që ishin gjithmonë lojra me 'partizanë e gjermanë', mua për shkak të bjondllëkut, më jepej gjithmonë roli i 'gjermanes katile'. 'Po edhe dje isha gjermane, të bëhem sot partizane?' Kërkesës time i jepëj gjithnjë e njëjta përgjigje 'Ku ka partizane bjonde? Po deshe të lozësh: gjermane'. Kështu pra, në nëndërgjegjën time fëminore u krijua një ndjesi faji, pra të jesh bjonde domethënë të jesh gjermane, domethënë të jesh e urryer, të jesh e keqe. Dhe aq keq ndihesha, sa në klasën e dytë fillore, bashkë me komshijen time, Shpëtimen, vendosëm t'i lyejmë flokët, t'i bënim të zinj me bojën e këpucëve, atë që vinte në ato kutitë e rrumbullakta plastike. Për fat mami i Shpëtimes, erdh në shtëpi më parë se mami im dhe vuri një kazan të madh në furnelë, atë ku zjente çarçafët, ngrohu ujin dhe na lau të dyjave në bahçe. Ngela bjonde e vetëfajësuar!

Një veçanti tjetër ishte shtëpia private, me një bahçe të madhe, dhe një fushë të lirë prej disa mijëra metrash katrorë e rrethuar me plepa dhe e mbushur me bar të ëgër, zhuka e lule fushe të egra ngjyrë vjollce, të verdha, të bardha. Kjo nuk ishte vetëm e veçantë, kjo për mua ishte liri. Liri për t'u shkrirë me natyrën. Në atë hapësirë ndihesha e lirë. Për më tepër, atëherë nuk kishte makina që të ndërprisnin lojën tonë, nuk kishte ndërtime që të na zinin horizontin e të na merrnin frymën, nuk kish të panjohur që të na trëmbnin. Në ishim të lirë të ndiheshim si fëmijë të natyrës.

E veçantë tjetër liridhënëse ishte fakti që unë kisha dhomën time dhe nuk e ndaja me askënd. Aty mund të lexoja librat që merrja nga biblioteka, e disa duheshin lexuar disi fshehurazi. Një dhomë të tijën do t'ia uroja çdo njeriu, që nga dita që lind e deri në ditën e fundit të jetës. Pra secili nga ne të mund të ketë dhomën e vet personale, sepse mendoj që të pasurit e një hapësire të pandashme i jep individit një liri të vërtetë. Sepse aty në dhomë ti nuk ke përse të ndjekësh rregullat, që janë përcaktuar nga të tjerët për ty, rregulla që janë të njëjta për të gjithë. Në orën 8.30, në shtrat, në gjumë, me dritën e fikur. Ja që nuk e doja dritën e fikur, por edhe po të fikja dritën nuk kisha përse të flija dhe gjumi nuk i bindej urdhërave të të tjerëvë. Pra, një dhomë krejt e ytja, personale, të lejon të zhvillosh individualitetin tënd. të qenit individ për mua është liri. Kjo krijohet në fëmijëri dhe kur rritesh nuk ke frikë të shpalosësh individualitetin tënd.

Kuptohet që në kohëra e situata të caktuara, më është dashur t'i fsheh, t'i kontrolloj, t'i maskoj edhe individualitetin edhe ndjenjën e lirisë. Shpesh herë më është dashur të paraqitem ajo që duhet të isha dhe jo ajo që isha. Kjo sepse ne duhet të jetonin e funksiononim, në të shumtën e kohës, në kolektiv. Dhe ne kolektiv ishte e pamundur të kishe jetën tënde, kohën tënde, sepse ishe e vëzhguar në çdo çast. Për mua, të larguarit nga shtëpia për të ndjekur shkollën në Tiranë, në moshën 14 vjeç, ka qenë një largim disi dramatik, pikërisht për këte arsye. Të gjithën e kam përjetuar si një humbje lirie. të jetuarit në konvikt, në një dhomë me 6 veta, kate të tëra me korridorë të gjata, nga të gjitha anët dyer dhomash të mbushura me nga gjashtë, me batanijet njëngjyrëshe dhe çarçafët e bardhë dhe një radio që s'pushonte së llomotituri. të gjashta vajzat e dhomës ku jetoja posedonim një kovë të bardhë dhe një spirale për të ngrohur ujin, që nuk di përse më dukej si një vegël torture që përdorte gestapoja e librave. Kujdestarë që të hynin në dhomë kur t'u donte qejfi, një mensë që na ushqente të gjithëve njësoj. Kishte çaste që më zinte paniku, dhe mendoja së pas disa kohësh edhe në fytyrë do të ngjanim njësoj. Kush ishin këto të panjohura me të cilat do të ndaja çdo natë gjumin? Kush isha unë për to? Sa dozë të vetës duhet të shfaqja? Duhet të bëja kujdes edhe që të mos broçkullisja në gjumë... Nuk i rezistova dot konviktit. U largova, për fat mund të jetoja tek halla dhe aty rigjeta veten, përsëri kisha një dhomë timen. Kovën e bardhë dhe spiralen ia fala një shoqes së dhomës. Herë pas here shkoja dhe rrija në konvikt, ndonjë të dielë e kaloja bukur, sepse nuk isha pjesë e tij. Tani që po të flas po më duket vetja si qenië joshoqërore. I dua njërëzit, dhe i dua shumë, por njerëzit e organizuar në kolektiv më tmerrojnë. Kolektivi në përgjithësi ka diçka të mbrapshtë, sepse ka më shumë tendencën drejt sulmit, histerisë dhe luftës se sa drejt paqes dhe mençurisë..

Njeriu e humbet lirinë sidomos nga frika. Ne kemi frikë se mos ngelemi pa shtëpi, pa ushqim, pa punë, pa miq, pa dashuri, etj, etj. Po frika më e madhe është ajo ndaj vdekjes. Sepse edhe sikur të mos mendojmë për të, vdekja është e fshehur thellë në nënndërgjegje, dhe vepron si helm duke na bërë skllevër të saj. Na bën të ndërgjegjëshëm e të arsyeshëm. Sa herë që mendon të provosh të hidhesh me parashutë nga një avion, frika nga vdekja të pëshpërit 'jo'; sa herë më të drejtë ke dashur t'i godasësh në kokë ca njerëz, frika e 'karrigës elektrike' simbolikisht të ka thënë 'jo', sa herë ke dashur t'i hedhësh në erë ca ndërtesa të shëmtuara si nga ana arkitektonike ashtu edhe simbolike, prapë ke thënë 'jo', se ku i dihet, mund të hidhesh edhe vete në erë bashkë me to. Sa herë ke dashur të zhytesh në oqean e të notosh përkrah peshkaqenëve, por frika e vdekjes të ka thënë 'Jo!'.

Ndoshta kjo tingëllon ekstreme, por më ka qëlluar të ndeshem me vdekjen disa herë. Së pari si fëmijë, ngaqë shkoja thellë në det, një herë edhe pas mesnate. Notova gjatë e nuk doja të kthehesha në breg. Nga fundi i detit më ftonin kandilët vezullues dhe kjo mrekulli e natyrës më bëri të mposht frikën e të guxoj. Më pas kur isha 12 vjeç, ca burra të Komunales së Vlorës, si pjesë e një aksioni e një urdhëri nga lart për të pastruar rrugët e qytetit, shkuan e vranë me çifte qenin tim, Tomin. Trupvogël, ngjyrë kafe dhe guximtar i madh. E masakruan. Që nga ai çast kisha frikë njerëzit, jo kafshët dhe errësirën. Kur ishta 22 vjeç, sigurimi i shtetit më arrestoi sepse isha dashuruar me George, punonjës i ambasadës greke. Më futën në atë furgonin e tyre, dhe atje mes 6 vetëve që më shanin e kërcënonin, imagjinoja një fund stoik timin, pse jo, edhe një tërheqje zvarrë me makinë nëpër bulevardin e Tiranës derisa të vdisja e bëhesha shembull. Mbaj mend që në ato çaste ndjeva një paqe të thellë brenda vetes.

Gjithë makthi, tmerri, paniku u zhdukën si nga një dorë magjike. Atëherë kam mësuar të mposht frikën. Shpëtova paq dhe më pas u ndjeva e lirë që të jem 'budallaqe', të qesh, të flas, të shprehem e të gëzoj edhe për një gjethe që çukit mbi supin tim, e çliruar nga xhelozitë, cmira e ambicjet. E lirë për të dashur veten me gjithçka që kam, e lirë për t'i dashur njerëzit ashtu siç janë. Përpiqem të mbetëm e lirë.

Ç'rol luan të qënit shqiptare? Është një pyetje që në çaste të caktuara më duket se ka brënda edhe absurditet. Ndoshta ngaqë udhëtimet dhe jo vetëm udhëtimet, por edhe të jetuarit në disa vende të tjera të botës, më kanë bërë të kuptoj që unë jam grimcë e së tërës, dhe njëkohësisht e tëra është brenda meje. A më bën mua shqiptare fakti se kam ëndrra e dëshira, që prekem e qaj, nevrikosem, dëshpërohem, hidhërohem, bërtas dhe gëzoj si shqiptare? Jo! Gjithë njerëzimi më duket se funksionon emocionalisht në mënyrë të njëjtë. Lotët dhe buzëqeshja nuk kanë kombësi ndaj mbi të gjitha ndihem njëri, si çdo tjetër në çdo cep të globit. Ndjesinë e të qënit shqiptare ma jep ndoshta organizmi i quajtur 'shtet'. Vetëm nëpërmjet ekzistencës së shtetit unë di se jam shqiptare. Dhe përsëri falë këtij përcaktimi, kuptoj nësë ky shtet është më i mirë apo më i keq së një tjetër. Jam ndjerë që jam shtetase shqiptare, kur kam parë shkallët lëvizëse, që më duhej t'i mësoja si t'i përdorja kur isha 24 vjeç. Jo sepse si shqiptare isha më e pazonja se grekërit, italianët apo amerikanët, por sepse shteti nuk e kish parë të arsyeshme përdorimin e shkallës lëvizëse. Të njëjtën ndjesi kam pasur si shtetase shqiptare ndryshe nga një shtetase greke, italiane apo amerikane, kur me ndalohej të isha e lirë të lëvizja në vënde të tjera.

Më duket se nuk di ta ndaj kombësinë dhe shtetësinë, por di që më të parën lind kurse të dytën e fiton më pas. Sot kjo e fundit në marrëdhëniet me të tjerët është bërë shumë përcaktuese dhe gjithmonë më bën të ndjej kufijtë e ndrydhjen e individit prej tyre.

Nështetësinë greke nuk e kam marrë nga halli. Falë faktit që isha bashkëshortja e një diplomati, nuk më qëlloi të rrija në rradhë për një vizë. Po tregoj se si e shoh unë këtë gjë. Dëshira apo këmbëngulja e shumë bashkëkombasve për të marrë një nënshtetësi tjetër, ka qenë një lloj 'drame' për mendimin tim. Përsë kaq luftë e kaq shumë kompromise?! Vrap për të ndërruar mbiemrin, e po të kishim mundësi edhe emrin. Në fakt, e gjitha justifikohet. Sepse një nënshtetësi tjetër ishte si një kusht, një detyrim për të gjithë ata që lanë atdheun për të pasur mundësinë për të lëvizur lirshëm, për t'u sistemuar në punë, për të siguruar një jetë më të mirë. E dhimbshme është ajo që nuk thuhet, por që të gjithë e dimë: mohimi i diçkajë të madhe, mohimi i vetvetes.

Marrja e një nënshtetësie tjetër ishte baraz, në mos një përpjekje, për t'i hequr vetës emrin 'shqiptar', që fatkeqsisht në botën e sotme nga disa vlerësohet si një 'damkë'. Më marrjen e një nënshtetësie tjetër sikur i hiqje vetes historinë e vendit dhe vitet e tua të kaluara në këtë vend, të kaluara shpesh në padrejtësi, në izolim total e më së pakti në mjerim. Ishte një përpjekje që t'i hiqje vetës varfërinë, krimin, prostitucionin, drogën me të cilat shoqërohej e shoqërohet shpesh të qënit 'shqiptar'. Pra një nënshtetësi tjetër nënkuptonte dhe ishte diçka më shumë se sa të pasurit e lirisë së lëvizjes në botën e sotme. Ishte një fshirje e të gjithë të këqijave që mbarte e kaluara jonë, pa dashur të na shohin si mbartës të saj.

E zvarrita shumë marrjen e nënshtetësisë greke, jo se bëra ndonjë kushedi çfarë, por pikërisht sepse më dukej sikur po i mohoja vetes të drejtën për të jetuar ku më hodhi rrjedha e jetës si shqiptare. Dhe kjo nuk lidhej me atë që e quajmë patriotizëm, por me diçka tjetër. Për shkak të bashkëshortit tim isha disi e privilegjuar e jo emigrante si plot motra e vëllezër të mi, të njohur a të panjohur, por arsyetimi apo emocioni negativ në marrjën e këtij hapi lidhej edhe me diçka krejt personale, sepse, në fund të fundit, duke qenë shqiptare në mjedisin ku jetoja ndihesha e privilegjuar, si specie e rrallë.

Vetëm 3 milionë, në një popullsi të globit prej 7.3 miliardë, a nuk përbën shtetësia që lëmë kaq lehtësisht diçka të rrallë?!

Nënshtetësinë greke e mora me emrin dhe mbiemrin që kam në pashaportën shqiptare; nuk me dha asnjë ndjesi të veçantë, ndoshta se nuk jam ndjerë asnjëherë asnjë gram greke, megjithëse bashkëshorti im është grek. Dhe kjo nuk do të thotë që nuk i dua grekët e që jam antigreke. Çdo komb ka madhështinë dhe ultësinë e vet.

Fijet që më lidhin me Shqipërinë janë prindërit, pronat, natyra, miqtë e mirë dhe dy gjëra disi të çuditshme, ndoshta pa vlerë, po për mua shumë të rëndësishme: e para, tavolina. Kur mblidhesh në një tavolinë në Shqipëri ti je çdo kush. Aty, në tavolinat tona, çdo gjë është e mundur. Në ato tavolina ti bëhesh milionere, kryeministre, këngëtare rock-u me famë, Papë, viktimë e ekzekutuar, por edhe ekzekutuese. Shkurt, i dashuroj çmendurisht tavolinat shqiptare. E dyta, më pëlqen që në Shqipëri për të vajtur nga A-ja të B-ja të duhen vetëm 3 minuta. Dhe nga A-ja të ZH-ja, vetëm 30 minuta, pra më pëlqen fakti që nuk humb kohë, jetë nëpër rrugë, thjesht për të arritur nga një destinacion të tjetri.

Jo, as sot nuk kam mundësi të jem vetvetja. Shqipëria nuk e toleron aq lehte të qenit vetvetja, që të mos them, që shpesh edhe të 'dënon' apo 'shfrytëzon' kur je vetvetja. Le të mos përmëndim që edhe të ironizon dhe të tall me zë ose nën zë. Shqipëria të rrit, po mua ky fakt më largon nga Shqipëria, nuk më afron. Të rritesh për mua, në kuptimin shqiptar të fjalës, fatkëqesisht është të jësh jo pak 'hileqar', 'dobiç', 'spiun', 'hakmarrës', 'brylaxhi', 'mashtrues', 'telendar' - pra të jesh në betejë të hapur me tjëtrin! Unë nuk dua të rritem, por Shqipëria të imponon rritjen.

Asnjëherë nuk jam ndjerë zot e zonjë në vendin tim. Asnjëherë! Në shtëpinë time, po. Por unë shtëpinë mund ta kem në çdo vend të botës. Gjithmonë më është dukur vetja si një e ftuar, jo nderi. Më kërkohet të ulëm në një karrige nga duhet të përshëndes, të shtrëngoj duart e të zotëve të shtëpisë, për të cilët mbase nuk kam respekt, por ja që duhet t'i përshëndes, po ja që duhet të jem e ulur në ate karrige ku ata kanë shënuar emrin tim, ja që duhet të jem në atë mbledhje që s'më pëlqen e të tjera e të tjera. Shqipëria gjithmonë ka 'gostinë' që jepet nga pak zotër vendi, shumë të babëzitur për të më lënë mua një hapësirë ku mund të ndihem zonjë në këtë shtëpi që në fakt është e jona. Po atëherë përse u ktheva në Shqipëri? Veç të tjerave sepse shpresoj që një ditë të ndihem zonjë në vendin tim.

Aktualisht jetoj aty ku dua, në Shqipëri. Shqipëria është një stres pa fund, por stresi është kripa dhe piperi i jetës! Shqipëria ngelet një eksperiencë e veçantë edhe për ne shqiptarët. Ndoshta i ngjason një laboratori ku zhvillohen eksperimente të pafund, që megjithësë ti e di që pothuajsë shumica e tyre dështojnë, për një arsye apo një tjetër do të jesh pjesë e eksperimentit. Po sikur rastësisht ndonjë eksperiment të dalë mirë? Si do të mund t'ia lejosh vetes të mos kesh qenë pjesë e kësaj mrekullie komunitare? Megjithëse për mua komuniteti, bashkësia është baraz me kolektiv, baraz me trushpëlarje, baraz me eklipsim të origjinalitetit individual, e bukura është se pa jetën në komunitet nuk bëjmë dot.

Por jashtë Shqipërisë, nuk e kam ndjerë aspak mungesën e komunitetit shqiptar, sepse nuk kam jetuar jashtë me dëshirën që të përsëris apo të gjej Shqipërinë.

Më duket se njerëzimi është i lidhur nga disa të vërteta, si të thuash universale, nëse mund ta quaj kështu faktin që qajmë e qeshim të gjithë njëlloj, qofshim afrikanojugorë, aziatikë, amerikanë apo shqiptarë si puna jonë. Ne thuajse të gjithë hidhërohemi e lumturohemi për të njëjtat gjëra, dëshirojmë gjithmonë diçka më të mirë nga ajo që kemi, trembemi e kemi frikë nga po të njëjtat gjëra, tundemi e përhumbim të gjithë nën ritmet e muzikës, dhe pak rëndësi ka nëse jetojmë në një rrokaqiell në Në York, apo në një shtëpi të izoluar në stepë, apo në Tiranën e Re.

Ballafaqimi me mënyrën e jetësës dhe kulturën e vendeve të tjëra ku kam jetuar ka qenë një mrekulli. Më është dukur vetja si një aktore që vetëm duhet të ndërronte rregjizorin, producentin, aktorët e tjerë, dhe vendet e skenat ku do luaja. Aq të larmishme sa nuk kisha kohë të mërzitesha.Prandaj mendoj që Bota është shumë e vogël. Duhet të ishte të paktën 12 herë më e madhe dhe duhet të kishte të paktën 13 hëna, secila me ngjyrën e saj. Që të mund të nxëjë të gjitha pasionet njerëzore, sepse ka momente që mendoj se nuk kam për të vdekur kurrrë. Dhe që pasionet do ma marrin shpirtin mua. Më duket sikur jam lindur me pasion. Dhe kur eci në rrugë, për të kryer një punë të rëndomtë, e bëj me pasion. Përfshihem në të thua se po hedh hapat e parë, e vëzhgoj trotuarin, aty ku është më i ngritur, nën ato pllaka mendoj rrënjët e zhvilluara të një pemë, aty ku pllaka është e ulur imagjinoj një koloni milingonash, tek një pllakë e munguar, mendoj rrezikun e rrëzimit, apo si themi ne nga Vlora të "rrokullisjes'. Tek retë që lëvizin dhe ndryshojnë formë gjthmonë shoh personazhe realë e fantastikë. Kur notoj shoh se si rëra në fund të detit vijëzohet apo njësohët në forma si retë, kur vë patinat në këmbë, mendoj se fluturimi është një mundësi që trupi i njeriut e ka, po ende nuk ka mësuar se si. Kur luaj basketboll mendoj se kam aq forcë, që topin ta çoj lart në qiell derisa të ngulet aty e të shndërrohet në hënë, shkurt çdo moment e jetoj me pasion. Dhe si une edhe shumë të tjerë.

Besoj në Zot, pavarësisht se në çaste të ndryshme e quaj Perëndi, Univers, Energji. Besoj në Zot sepse besoj në Krijimin, në këtë krijim të balancuar kaq përsosmërisht. Besoj në Zot se besoj në Krijimin e fjalës! Besoj në Zot, se besoj në 'pa fillim e pa fund', se Unë jam Unë, Ti je Ti dhe të dyja kemi qenë e jemi këtu dhe do të vazhdojmë të jemi. Besoj në Zot, se sa i mrekullueshëm është aq edhe i pakuptueshëm. I ndjeshëm kudo, po i pashpjegueshëm.

Nuk kam pasur kurrë një punë me orar fiks. Për shembull nga nëntë me katër, po në qoftë se do kisha pasur, do ta urreja. Nuk më pëlqen shumë disiplina. Jam me fat që në lidhje me punët që bëj, për shëmbull si estetiste, apo edhe kur rrekem të zgjidh çështjet e pronave të familjes, oraret kryesisht i vendos vetë. Një tjetër gjë që më dekurajon është që puna në përgjithësi ka doza të shtuara rutine. Kjo e bën punën të padurueshme, skllavëruese. Personalisht do doja të mësoja një zanat të ri çdo dy a tri vjet. Do doja të bëja punë të natyrave të ndryshme, që do të më lejonin të shpalosja imagjinatën e krijimtarinë.

A thua janë vite të humbura, vitet e kalura në diktaturë? Nuk e di. Kam neveri të ftohtë për sistemin e atëhershëm. Kur e kthej veten me mënd në atë kohë e urrej të gjithën! Në rradhë të para se si ai sistem nuk i lejoi gjyshes time, nënës, tezeve, hallës, mësueseve e mikeshave të mia si dhe mua që të ndiheshim femra! Nuk harroj që vinim nga një shoqëri feudale e anadollake, por diktatura komuniste ndryshe nga raportet e fjalimet e udhëheqësve, për mua dramën e vërtetë dhe krimin më të pafalshëm e kishte pikërisht këtu: forcoje, ashpërsoje, shëmtoje femrën. Sepse vetëm një shoqëri me femra të tilla mund ta zotërosh e ç'përfytyrosh si të duash. Jetuam në një sistem që kontrollonte dhe hormonët e rinisë, deri në detaje. Ndoshta janë vërtetë vite të humbura, por ato janë vite të jetës sime, që i kam në kurriz dhe kanë peshën e tyre, si të kushdo tjetër. Prandaj nuk di a quhet e humbur diçka që të rëndon.

Shumëçka duhet të ndryshojë në Shqipëri. Nëse kanë ndonjë vlerë mendimet e mia, së pari, të ndalohet spiunllëku a spiunimi, ai që ka qëllim keqdashës ndaj personit, dhe nuk ka për qëllim të mirën e përbashkët.

Le të mos 'shënojmë' apo 'kryqëzojmë' individin e për inate personale ta shkatërrojmë e ta bëjmë copë-copë atë, a thua se të tjerët, sidomos njerëzit me pushtet, janë shënjtorë. Së dyti, le të mos kemi frikë të jemi vetvetja, dhe nga ana tjetër, as nga sinqeriteti i tjetrit, pra kurajon e dikujt për të qënë vetvetja të mos e përdorim për ta goditur atë tjetrin. Së treti, le të ndalohet me ligj të duartrokiturit e njërëzvë pas mbarimit të fjalimit të çdo politikani, i çfarë do partie qoftë! Duartrokitjët të lejohen vetëm për vepra arti dhe heroizma njerëzorë.

Si dua që të jetë Shqipëria pas 30 vjetësh? Po ta them do ta quash utopi. Por po përpiqem. Do doja së pari një Shqipëri pa tela të kokolepsur mbi kokë. I ke parë parë shtyllat elektrike, mbushur e ngarkuar me tela? Sa do të pastrohej qielli e shikimi ynë pa ato tela. Me tarracat e pallateve pa rezervuarë uji. Do të doja të paktën shtatë rrugë të mira, të drejta, pa gropa, në çdo qytet, të paktën nga 1 km. Dua edhe sheshe që të jenë të mbushur me papagaj shumëngjyrësh. Dua edhe një kopësht të paktën rreth 5 km katror ku të mbillen gjithë lulet e egra që rriten në vendin tonë. Nuk po vë si prioritet që dua një Shqipëri europiane, prej kohësh anëtarë e plotë e BE-së, ku të funksionojë ligji e ku politikanët të jenë pjekur. Sigurisht që dua një Shqipëri ku ekonomia të jetë e zhvilluar, dhe standarti i jetës krejt tjetër. Në fakt mendoj që plot nga këto duhet ti kishim. Nuk po flas për ato gjëra që na takojnë, si për shëmbull, që prona të shkojë te i zoti. Edhe një gjë tjetër: do të doja që një ditë në Shqipëri të zbulohej një shkrim i plotë në ilirishte. Do të ndiheshim mirë kur lashtësinë dhe vazhdimësinë do të mund ta vërtetonim me fakte, pavarësisht që e kemi të vërtetuar me dëshmi të tërthorta. Së fundi, dua që të ruajmë temperamentin ballkanik nëpër tavolina. Le të mbetemi të zhurmshëm e të hareshëm.

Andrea

E ardhmja varet nga çfarë bëjmë në të tashmen.
Mahatma Gandhi

Ka ardhur vjeshta. Jashtë fryn erë. *Bien gjethe. Treni im imagjinar ndalon në çdo stacion të së kaluarës. Tani ai do të ndalet në stacionin e Andrea Bënjës, mikut të familjes sime.*

Ky stacion mbledh shumë njerëz të dashur: vetë Andrean, të shoqen Luizën, vajzat Anisën dhe Jolën, motrën e Andreas, zysh Irinin që ishte mësuesja ime e algjebrës dhe të motrën e Luizës, Mozën, e cila të shkrin me humorin e çiltër të saj. Në krye të vendit jane dy njerëz të dashur teta Liliana dhe xhaxhi Sybiu. Xhaxhi Sybiu ka ndërruar jetë përpara disa vjetësh, por siç ngjet ashtu me njerëzit që kanë jetuar shumë kohë bashkë, në momentin e parë kur shoh teta Lilianën shoh edhe atë. Ashtu me kokën tullace e duke buzëqeshur ai nis e tregon ca histori nga Gjirokastra.

Andrea është përgjegjës i këtij stacioni dhe si i tillë ai ka gjithçka nën kontroll. Falë dijeve që ka per teknikën ai është në gjendje ta mirëmbajë stacionin, të kujdeset e të presë e të përcjellë trena të rinj e të vjetër, të gjithë mbushur me kujtime.

Ndoshta ju doni të dini se ku është pikërisht ky stacion?

Bisedë me dhjetë miq

Prej disa vitesh, ai ka ngritur fole në zemër të pyjeve në një rrethinë të Torontos, një vend që mbulohet nga bora për shumë muaj të vitit, atje ku një herë e një kohë në imagjinatën time vraponte Unkasi - i Fundmi i Mohikanëve. Andrea ka ngritur shtëpinë - stacion për trenin e kujtimeve të mia - në mes të Kanadasë dhe vetë është bërë qytetar kanadez. Në kopsht ka mbjelle ca tulipanë holandezë, dhe këtë të djelë mbasdite po pret ti vijnë ca miq për vizitë. Miq të rinj e miq të vjetër, sepse me nja dy ka punuar në Kombinatin e Autotraktoreve 'Enver Hoxha' në Tiranë. Kur të bjerë mbrëmja do të ndezë një zjarr të madh e të bukur dhe ndoshta do të marrë kitarën e do të luajë disa melodi të njohura të vendlindjes.

Andrea është inxhinier. Për mua, asaj kohe adoloshente e rrethuar me gazetarë e mësues, ai kishte diçka të mistershme. Për të shkenca, fizika, kimia, algjebra ishin të gjitha të prekshme e të kuptueshme. Kishte diçka të mistershme edhe për faktin që ai i kishte nxënë të gjitha këto gjatë viteve që kishte jetuar në lindjen e largët, në Kinë. Po, po në Kinë. Brezi im – ose më mirë shumica e shqiptarëve që jetonin në fshatin e madh të rrethuar me tela me gjemba ëndërronim për Amerikën, Londrën, Parisin, Vienën apo Romën. Prindërit tanë kishin nostalgji për Moskën e Sofjen. Ndërsa Andrea kishte studiuar në Kinën e madhe, fillimisht në Pekin dhe më pas në Shenyang. Në bibliotekën e tij, kishte disa libra të trashë me kapakë të bukur me shkrime kineze të padeshifrueshme. Edhe mua atëherë më dukej se kur Andrea fliste ashtu qetë e me një shqipe të kulluar, diku thellë thellë dëgjoja gurgullimën e gjuhës kineze dhe ndjeja mençurinë e Konfuçit.

Andrea

Të qënit inxhinier dhe të studiuarit në Kinë e bënin edhe më tërheqës. Shtoi kësaj edhe një doze adhurimi që mund të ketë një 16 vjeçare për mësuesin e kitarës. Po nuk po e lë me kaq. Në ato kohëra gjithçka që bëhej me punë vullnetare, hapje kanalesh, mbledhje ullinjsh apo misri, pastrim territori apo edhe mësim pas shkolle për nxënësit e prapambetur ishte një angari, një gur që ta vinte në qafë shteti, fronti, shkolla. Ndërsa Andrea kishte dalë vetë vullnetar për të më dhënë mësim një herë në javë. Gati çdo të djelë paradite i papërtuar ai ngjiste deri lart, pesë kate pallati, biçikleten e tij kineze që nuk donte t'ia vidhnin dhe me durim më dëgjonte si luaja.

Andrea njihej si djalë i mirë, punëtor, familjar, i organizur e mbi të gjitha me pasione. Ai e gjente kohën edhe të punonte në Kombinatin e Autotraktorave, edhe të ndihmonte të shoqen Luizën, edhe të luante futboll, edhe ti binte kitarës. Për mua adoloshenten ëndërrimtare, josistematike dhe pak dembele, Andrea ishte njeriu model. Kitarën fillova ta mësoj, por shpejt e lashë, pasi u dashurova kokë e këmbë me një djalë që dinte të fliste e të recitonte bukur. Gjithë gjithë mbaj mend dy pjesë klasike dhe disa akorde me të cilat mund të shoqëroj edhe sot këngë shkodrane të tipit 'Luleborë' apo 'Ob-la-di-ob-la-da -në' e Beatles.

Qëlloi një herë, përpara disa vjetësh, që Andrea dhe Luiza të ndalonin në Amsterdam vetëm për nja dy ditë, gjatë një udhëtimi të ndërmarrë nëpër Europë. Mbaj mend që ai bëri tri gjëra: e para, ju fut me kokë e studioi hartën e Holandës dhe gjithë digat e deltat e saj, me aq pasion e përkushtim a thua se donte të gjente kodin gjenetik të këtij populli që ka ditur të bëjë zap ujin. Më pas, me të njëjtin interes, lexoi nga fillimi deri në fund librin tim me poezi i cili ishte botuar përpara ca kohësh në Tiranë. Ditën e dytë, pasi shëtitëm nëpër qytet, gjithë dëshirë se bashku me Luizën erdhën në një mbrëmje me gazetarë që kisha organizuar se bashku me koleget e mi për luftën jetëshkurtër në Gjeorgji dhe rolin e mediave. Ishte gusht i vitit 2008. Luftë e kotë dhe e pabarabartë që përcaktoi shkëputjen përfundimtare të Osetisë të Jugut nga Gjeorgjia. Gjithçka Andrea e bënte dhe e bën me përkushtim, kuriozitet, e seriozitet për gjithë detajet. Ja përse është e pamundur që sot të mos ndaloj në stacionin e tij e të bisedoj me të shtruar.

Im atë ishte djalë doktori, por vetë nuk kishte berë ndonjë shkollë të madhe. Gjyshi kishte qënë në bisedimet që bëheshin për vendosjen e kufijve të Shqipërisë. Panoja, komshiu ynë këtu në Tiranë, më thoshte: 'Hë mo Bënja, si u gdhive?' E më pas shtonte: 'E çfarë gjyshi ke pasur ti. Kur shkonte në Greqi shkruanin gazetat e kohës për të.' Pak kishte mbetur nga ai angazhim e ajo lavdi, sepse im atë merrej edhe me tregti, dhe kur u çlirua vendi, familja humbi pozitën shoqërore dhe gjithë pasurinë. Im atë dhe ime më me shtëpi të dëmtuar nga bombardimi i Përmetit, erdhën në Tiranë me një tufë fëmijë. Por të gjithë vazhduam studimet e larta. Dy nga motrat e mia kur mbaruan universitetin i çuan të punonin në Krujë. Mbaj mend që qanin e nuk donin të shkonin kur mendonin për vështirësitë e transportit të asaj kohe. Ndërsa unë bëra një rrugë disi të çuditshme. Në vend që të vazhdoja shkollën fillova punën. Isha

Andrea

15 vjeç dhe një muzikant që merrej me mua, profesor Krasta, elbasanlli, më këshilloi të merresha më shumë me muzike e të shkoja në Lice. 'Jo, jo' – thoshin motrat që ishin më të madha – 'se do të bëhesh mësues e do të vuash fshatrave'. Kështu vendosa të filloj punë në Uzinën Elektromekanike, dhe shkollën e bëra natën për katër vjet. Edhe mësuesja e matematikës duke pare rezultatet, më thoshte shpesh përse nuk kalon ditën. 'Jo, jo, se kam nevojë ekonomike' – i përgjigjesha. Në të vërtetë, nuk kisha ndonjë nevojë ekonomike, por më kishte hyrë frika se do të më çonin në fshat. Punova katër vjet, megjithëse nuk e kuptoja shumë mire se përse po punoja. Kur shikoja gjimnazistët të veshur e të ngjeshur që kalonin rruges me nge, ndërsa une isha i veshur si punëtor, thosha: 'O zot çfarë po i bëj vetes.' Në shkollen e natës isha mire dhe mesataren e kisha 9.8. Aplikova për në universitet. Tri herë në aplikim kerkova të studioja per inxhinieri mekanike. E fitova – emri im ishte i shtati në listë. Vazhdova studimet dhe me pas fillova të jepja edhe kolekiume. Ishte një periudhe disi stresuese, por që solli rezultat. Nuk e dija se si punonte mekanizmi i atyre kohërave, ndoshta edhe sepse isha i ri dhe disi i tërhequr. Për mua mbetet disi enigmë se si më doli universiteti nga shkolla e nates e se si më çuan edhe në Kinë. Megjithese grupi ynë i studentëve që do të shkonin në Kinë ishte i përzierë, kishte me prinder me pozitë, por edhe 'të thjeshtë' si puna ime.

Përpara se të shkoja në Kinë, familja ime lidhej me botën nëpërmjet korrespondencës që mbanim me njerëzit tanë që jetonin në Francë, njerëzit e babait. Ato të time meje ishin në Amerikë, por me to nuk mund të shkëmbenim shumë letra. Jeta jonë atëherë ishte e mbyllur, dhe e vetmja dritare ishte Italia. Njerëzit ëndërronin për Italinë ditë e natë dhe mjaft prej tyre kur shkuan më pas edhe u zhgënjyen. Sepse është ndryshe të shikosh botën nga ekrani i televizorit e tjetër gjë të shkosh atje si emigrant.

Koha e studimeve në Kinë është për mua ndër periudhat më të bukura të jetës. Kina ishte një 'botë tjetër' veçanërisht për ne studentët shqiptarë që shkonim jashtë shtetit për herë të parë e në një periudhë të errët të historisë së vendit. Në ato kohë Shqipëria do të mbyllej edhe me shumë pas goditjeve ndaj Paçramit, Lubonjës e Luarasit e pas Festivalit të 11-të iluzionist të këngës në RTSH kur artistët e intelektualët në përgjithesi ëndërruan hapjen e Shqipërise ndaj botës. Tek ne, pikërisht në atë kohë, po projektohej edhe fillimi i prishjes me Kinën, sepse ajo po hapej ndaj Perëndimit.

Më kujtohet mbrëmja e parë atje, ku qindra studentë të vendeve të ndryshme realizuan një shfaqje prezantuese artistiko-muzikore. Një mbrëmjë ndryshe, ku dëgjoje instrumenta muzikore të paparë, ku shikoje se si përfaqësoheshin kulturat e gjithë kontinenteve. Pas asaj mbrëmje na ulej në tavoline një mjekrosh nga vendet skandinave apo një bukuroshe

Andrea

nga Jugosllavia. Ishte si një laborator ku përziheshin popujt, idelogjitë e kulturat. Shikoje duke studjuar me zë të lartë, në grup, studentët koreano veriorë, me stemat e Kim Il Senit (Kim Il Sung) në gjoks, shikoje grupin e studentëve të ardhur nga qeveria japoneze që nuk komunikonte me grupin tjetër japonez të ardhur nga shoqata e miqësisë; një studente austriake të afronte muziken apo partiturat e Bob Dilan; studentët perëndimore të veshur me xhinse ulnin kokën e lexonin kudo; një studente franceze filloi të mësonte shqip, e duke i përdorur prapashtesat e shqipes zbraste gjithë fjalorin e saj artistik në 'shqip', apo një student gjerman që krenohej se i ati kishte qenë aviator në luftën e dytë botërore, dhe pyeste gjatë vizitës në fabrikë se sa kundërajrore kishte ajo fabrikë apo sa avione Mig kishte vendi yt etj, etj. Shkurt, në Kinën e madhe kishte vend për shumëllojshmëri.

Të qënurit në nje vend të madh e të lashte ndihej edhe kur vizitoje 13 varret e famshme të Dinastisë Ming në afërsi të Pekinit, kur ecje mbi Murin e Madh Kinez e shikoje edhe emra shqiptarësh të ardhur më parë, kur dëgjojë për të parën herë Orkestrën Sinfonike të Pekinit me shkallën e tyre muzikore me pesë nota, kur shikoje Budën, apo kur studenti kinez i kursit bisedonte me gjilpërat e akupunkturës ngulur në temtha, për të lehtësuar dhimbjen e tij të kokës. Më bënte shumë përshtypje se si kinezet arrinin të gërshetonin kulturën e lashtë me atë të kohës.

Kinën e madhe e njohëm edhe më mirë nga vajtjet me

pushime, vizitat e praktikat mësimore. Kur nga qyteti ku studionin niseshim veshur me pallto të rënda me disa shtresa pambuku, dhe në jug përfundonim me veshje vere e me rrobat e banjës (mos harroni të merrni me vete 'veglat' e banjës – na tha një herë një përkthyes kinez). Në jug gjeje studentë të huaj që e kalonin mjaft mirë e nuk donin të ktheheshin as me pushime në vendin e tyre. Sigurisht ishim ëndërrimtarë. Për ne ishte e çuditshme që po i njëjti qytet, i cili kishte dënuar Ten Siao Pinin (Deng Xiaoping), të ngrihej një vit më pas e të mbështëste Tenin, atehere kur muzika funebre nuk pushonte për Mao Ce Dunin, Çu En Lain, Kang Sheng, Çu De e Dun Biune, dhe kur shkatërrohej 'banda e katërshes'. Kina ishte vërtetë e madhe dhe komplekse. Atje sot po realizohen futurizmat e Çu En Lait dhe Ten Siao Pinit. Kur vajtëm në Kinë, manualet dhe katalogjet e vjetra inxhinierike shiteshin me kile, sepse ato po zëvendësoheshin me shpejtësi nga librat e fundit me të rejat e shkencës bashkëkohore. Ndërkohë Shqipëria po mbyllej më tej që të hidhte valle 'në gojën e ujkut'. Kinezët instaluan në Shqipëri nivelin më të mirë teknik, ndërsa shqiptarët jo rrallë ankoheshim për 'sabotime'. Ne studionim seriozisht, saqë shpesh pedagogët apo specialistët kineze, të çuditur nga niveli i pyetjeve tona, mendonin se e kishim mbaruar një herë universitetin, përpara se të shkonim atje.

Vajtëm të rinj në Kinë, u diplomuam, mësuam rrugën e shkencës, ëndërruam dhe jetuam si në ëndërr, u maturuam, u përgjegjësuam me tej, jetuam

Andrea

në shoqërinë e gjerë e të ngushtë, kaluam situata të vështira dhe gëzime, njohëm një tjetër temperament dhe një botë krejt tjetër. Prandaj me bindje e them, që shkolla e Kinës është ajo që më ka bëre ai që jam sot. Në Kinë ndenja katër vjet e gjysëm, që nga viti 73 deri në vitin 78, kur marrëdhëniet mes dy vendeve shkuan thuajse drejt zeros.

Kur u ktheva ne Shqipëri u përpoqa të ambjentohesha, se rrugë tjetër nuk kishte. Shqipëria ende vazhdonte të kalonte një periudhë të errët, po të kemi parasysh vrasjet e dënimet që pasuan pas vdekjes së Mehmet Shehut. Kohërat më të këqia vinë të kombinuara me të mirat. Periudha pas Kinës ishte depresive. Mendova që aq e pati edhe jeta ime. Më caktuan në Kombinatin e Autotraktorëve, ku nuk njihja njeri dhe nuk njihja as proçesin, sepse unë nuk isha specializuar për atë fushë. Megjithatë punoja në mes të Tiranes e jo në fshat. Në ato fillime mendova që do të punoja me një grup që studionte boksidet – shkova edhe në Korçë e pashë ata që punonin në atë grup, por proçesi mbeti në rrugë laboratorike e vendi i punës nuk u hap. Në kombinat, me caktuan tek çeliku dhe jo tek metalet me ngjyra, apo alumini, për të cilin kisha studjuar mjaft. Pas një periudhe 6 mujore, kur po filloja të sistemohesha, më dërguan në Burrel tek Uzina e Ferro-kromit qё do të inagurohej e po fillonte prodhimin. Kjo ka qënë një periudhë disi e kotë, e pakuptimtë. U përpoqa të bidesoja me zyrën e kuadrit duke i sqaruar se nuk e njihja ferro-kromin, por përgjigja ishte se dikur kishin perdorur edhe inxhinierë ndërtimi si inxhinjerë mekanikë (!), dhe se këtë punë e dinte Partia. Në fakt, çdo njërit që mbaronte një shkollë apo specializim i gjendej një punë, por ndoshta jo ajo për të cilën ishte specializuar dhe jo ajo që donte. Pas një periudhe vërdallosje zura vend përsëri në Kombinatin e Autotraktorëve dhe sikur u shtrova. Nuk bëhej fjalë për studime të metejshme pasuniversitare jashtë shtetit. Si individ mbeteshe në dorë të lapsit të një shefeje 'të besuar', që bënte politikën e kuadrit. Vendosa të ndjek programin pasuniversitar në Universitetin e Tiranës dhe fillova të jap leksione në fakultetin e inxhinierisë si i jashtëm.

Ndër vite në Kombinat arrita diçka. Studjova e eksperimentova lidhje alumini, duke realizuar pjesë kryesore të automobilit siç është edhe pistoni, duke mbrojtur më vonë doktoraturën që me njihet edhe këtu ku jam sot në Kanada, për këto studime. Mbaj mend që ishte porositur një material në Hungari, dhe porosia ishte me probleme. Duhet të çonin një specialist që të mund të vlerësonte çfarë duhet të bëhej. Më çuan, zgjidha problemin dhe kërkova të shikoja proçesin në një uzinë që ishte specializuar në prodhimin e pistonave. Megjithëse Hungaria bënte pjesë në kampin socialist, ajo ishte një nga vitrinat e lindjes, gjithë traditë, bukuri, vepra monumentale e mjedise luksoze. Shikoje përreth e të kënaqej syri. Atëherë ne ishim të etur për ngjyra. Dhe shishet e pijeve freskuese na bënin përshtypje. Më pas, pasi ke dalë jashtë vendit dhe ke shetitur e parë vende të bukura, ndihesh mirë mes bollekut, por trishtohesh kur mendon se asgje nuk merr dot me vete dhe atë bukuri nuk e çon dot në shtëpi. Nuk bëhet fjalë vetëm për anën e jashtme, për lustrën, por për mënyrën se si ishte ndërtuar jeta atje. E brendëshmja e bën një vend, jo forma. Njerëzit në perëndim, por edhe në lindje jetonin ndryshe. Ne nuk ishim kërkund. Ishim prapa bote.

Fillimet e viteve 90 ishin të vështira. Puna në Kombinatin e Autotraktorëve ra, e më pas u pezullua. Qeveria e asaj kohe nuk kishte asnjë plan dhe asnjë ide se çfarë duhet të bënte me Kombinatin, që ishte vërtetë një investim gjigand për një vend të vogel si Shqipëria. As çështja e pronësise së tij nuk po zgjidhej sepse pseudotregtarët, të ashtuquajturit bisnesmenë, nuk e manaxhonin dot gjithë atë ndërmarrje. Kombinati u kthye në një qender negative që vidhej e dëmtohej sistematikisht, dhe kjo gjendje më duket se vazhdon akoma.

Shkova të punoj në Ministrinë e Shëndetësise si inxhinier me automjetet e aparaturat shëndetsore. Nuk ishte punë e keqe dhe nuk më dilte shpirti si në Kombinat. Në 97, kemi shpërndare aparatura dhe nën breshërinë e armëve dhe pasi kishte filluar orari i shtetrrethimit. Shpejt e kuptuam që qofte në Amerike apo edhe në Kanada, Luiza edhe unë mund të bënin hajër në profesionin tonë. Këtë bindje pata rast ta vertetoj në biseda me kolegë në Amerikë. Shkova atje në 1995, i ftuar në një dasem nga farefisi i nënës në Massachusets, ku mu ofrua mundësia e punës në fushën time. Por atëhere ende nuk ishim të përgatitur mendërisht e shpirtërisht të linim vendin familiarisht. U ktheva në Tiranë.

Në ato kohë isha i angazhuar edhe për përhapjen e fesë. Sepse besoj në Zot. Nuk jam ateist. Mendoj që besimi do të ekzistoje krahas shkencës, sepse përderisa ekziston e panjohura njeriu do të besojë diku. Nuk besoj të një subjekt. Besimi është tek ty dhe me ty, besimi është tek mendimi im për Zotin. Për mua besimi është i rendësishem sepse të gjitha gjërat jane të mundshme për njeriun që ka besim – derisa të mos bëhet mekanizëm përfitimi. Edhe institucionet kanë vleren e tyre. Ime më e ruajti besimin edhe në kohet kur besimtarët ndëshkoheshin në Shqipëri.

Kur filluan ndryshimet në vend, domethënë në fillim të viteve 90-të, në Shqipëri erdhën besimtarë të feve të ndryshme. Më kërkuan të përkthej Biblën – pjesë të vogla të saj në lidhje me faljen. Si mund të falim? Hapat drejt faljes dhe drejt shërimit. Shumë e rëndësishme për një shoqëri që po dilte nga diktarura e ku njerëzit donin të lanin hesapet e vjetra dhe të rejat me çdo mjet. I dëmtuari duhet të falë që të mund të ecë përpara. E përktheva teksin dhe u mora disa kohë edhe me këto grupe besimtarësh që donin të rizgjonin besimin tek një popull i ndaluar të besojë.

Andrea

Them që nuk bëra keq. Evangjelistët jane të përparuar në besimin e tyre sepse 'eleminojnë' veladonin e priftit dhe hirearkinë e kishës, duke u lidhur direkt me Zotin. Në fillim të viteve 90 njerëzit në Shqipëri kërkonin orientim. Erdhi një moment që vërtet mendova se nëse përqëndrohesha e ndjeja misterin e universit dhe mund të arrija një qetësi të vërtetë shpirtërore. Mendoj që kjo mënyrë komunikimi ishte e mire dhe nevojshme për ne që dilnim nga errësira. Ishin vitet 1991-1992 edhe unë si gjithë të tjeret po çbënim e po ribënim identitetin tonë. U bëra miq me ta, me anglezë, me gjermanë e sidomos me holandezë të devotshëm. Së bashku me ta shkuam e pamë fshatra të humbura ku mund të shkoje vetëm me helikopter, se nuk kishte rrugë, shpërndanim ndihma pa vënë emrin e mirëbërësit. Atje pas Dajtit njerëzit jetonin në një varfëri të skajshme. Shpesh qëllonte që banditët e atyre zonave, nganjëherë të lidhur me pushtetin lokal, i persekutonin këta që kishin ardhur të përhapnin fjalën e zotit. E trishtueshme.

Pasi u ktheva nga Amerika, vendosëm të aplikojmë për emigracion në Kanada. 1997 na zuri në Shqipëri. Në ato kohë shoqëroja gazetarë të huaj që shëtisnin në vend e raportonin për krizën e çmendurinë që kishte kapur vendin pas rënies së firmave piramidale. Në Vlorë kishte përplasje me armë, në Fier ishin vënë barrikada. Kur u përpoqëm të shkonin në jug nga Ballshi, kryengritësit shumica të rinj i bllokuan të gjithë makinat që lëviznin dhe lejuan të futeshin në ato zonë vetëm të huajt. Të nesërmen së bashku me një grup gazetarësh shkuam në zyrat e Vefës për të parë së çfarë po ndodhte aty. Këto ngjarje ja vunë kapakun të gjithë dilemave të mia të rri apo të largohem. Nuk doja gjë tjetër veç të iknim sa më parë nga ajo marrëzi. Na erdhi edhe përgjigja nga Kanadaja që i kishte aprovuar dokumentat pa intervistë. Filluam të bëheshim gati, të helmuar nga ai vit i mbrapshtë, dhe pas disa muajsh u larguam përfundimisht. Ishte fillimi i vitit 1998. Kanë kaluar 19 vjet.

Dhe kështu jemi bërë kanadezë. Duke pasur parasysh moshën, mund të them që vajzat janë kanadeze ndërsa ne ngelemi më shumë shqiptarë se kanadezë, të paktën po flas për vete. Fëmijët janë më të integruar. Ne jemi bërë qytetarë kanadezë, por jemi në një periudhë tranzicioni të përhershëm, vërtetë brez kalimtar. Thonë që edhe brezi i dytë i emigrantëve prapë has në vështirësi. Por ne prindërit paguajmë çmimin e lëvizjes, të ndryshimit, të ballafaqimit me njëqind të panjohura. Prandaj edhe është i frikësuar emigranti. Të qenit i paditur e frigon. Nuk ka siguri se si do ti shkojnë punët, ndërsa përgjegjësia është e tija, e jo më e shtetit.

Ndihem shumë europian dhe jam krenar për këtë. Në Kinë, e kuptova që mënyra jonë e jetesës, me gjithë varfërinë që kishim, nuk krahasohej me atë të kinezëve. Ne shpërdorojmë, si europianë. Megjithëse shqiptarët nuk kanë bërë emër shumë të mirë në botë, prapë e di dhe e them me bindje që nuk ka shumë ndryshim midis nesh dhe italianit, polakut, kroatit apo sllovenit. Në fund të fundit, individi në Europë e në perëndim është i rëndësishëm. Gjërat ndryshuan në Shqipëri pikërisht sepse shqiptarët donin të ishin individë të lirë.

Më pëlqejnë edhe traditat e vendit tim, dhe në këtë kuptim ato jane të ndryshme nga të popujve të tjerë, qoftë të Europës, qoftë të botës. Por nëse bëhet fjalë për tu identifikuar si një europian, si shqiptar apo qytetar i botës së madhe, ajo çfarë ka rëndësi është niveli i shkollimit dhe mençuria.

Shqipëria njihet këtu, por jo shumë. Sidomos e njohin ata që kanë ardhur e vinë nga Lindja. Kur bisedon me sllovenë e kroatë e kupton që edhe ata kanë jetuar në një sistem pak a shumë të mbyllur dhe kanë një mënyrë të menduari shumë të ngjashme me ne shqiptarët. Ballkan hesapi.

Mirëpo një italian i ardhur në Kanada, apo një kinez, ukrainas apo polak kanë një histori mbi 100 vjeçare në këtë vend. Shqiptarët këtu kanë qënë shumë të paktë. Emigracioni masiv që përpara një shekulli u ka dhënë mundësi ukrainasve apo italianëve të lidhen me njëri tjetrit e të kenë ende të fuqishme ndjenjën e komunitetit. Ne si shqiptarë të pakët në numër nuk i kemi këto lehtësira në integrim. Por Kanadaja është shtet i ri dhe është mbetet vend i mundësive. Nëse je i zoti mund të çash. Çfarë është e rëndësishme edhe këtu është të kuptosh si funksionon sistemi. Kur erdhëm, ne na mungonin krejtësisht njohuritë për sistemin. Një Indian që ka jetuar e është edukuar nën sistemin post-kolonial Britanik e di se si funksionon kjo shoqëri kapitaliste, çfarë pritet prej tij, cili është kuadri i bashkëjetesës, dhe ai e ka piketuar në mendje ku do të synojë të gjejë një vend pune apo jetese. Ndërsa ne nuk kishim asnjë pikë referimi. Ishim vetëm, pa ndihmë, dhe gjithçka duhej nisur nga e para.

Nuk besoj se ka qenë një vendim i gabuar që lamë vendin. Ndoshta po të rrija në Shqipëri do të kisha më shumë pikëpyetje e brenga përse nuk u përpoqa. Tani nuk e kam atë merak. Edhe nga ana financiare kjo lëvizje është positive. Ne filluam nga zero dhe fëmijët nuk do ta kene të lehtë të integrohen plotësisht, por edhe një here e theksoj se Kanadaja është vend i mundësive.

Pa diskutim që shoqëria jonë ka qënë patriarkale, por ndoshta unë më shumë kam ndjerë konservatorizëm, sepse në fakt isha më i vogli në shtëpi. Motra ime e madhe ishte e fortë dhe e zonja. Edhe tani në shtëpi ime shoqe Luiza i jep makinës shumë më tepër se unë – megjithëse thone që burrat nuk e lëshojnë timonin nga dora. Domethënë nuk jam ndjerë asnjëherë keq i rrethuar nga gra të forta. Ime më ishte një grua e fortë, përmetare, që dinte të mbante shtëpi. Ndërsa im atë ishte shumë i butë, nuk të urdhëronte, vetëm të jepte besim. Ishte krenar, nuk më shikonte si problem dhe nuk na bërtiste kurrë. Nga mamaja kam mësuar të jem i disiplinuar dhe i organizuar. Jam perpjekur që edhe fëmijëve t'jua transmetoj këto vlera. Të dy prindërit kanë qënë shumë të rëndësishëm në jetën time si dhe motrat. Faktor tjetër vendimtar është Luiza dhe vajzat. Ime shoqe Luiza është pozitive, është shtyese, ka natyrë shumë optimiste dhe gjithmonë ka qënë e gatshme për të përballuar situatat e vështira që kemi ndeshur. Vajzat tashme janë rritur, të dyja kanë mbaruar studimet e po ngrenë foletë e tyre këtu. Anisa ka studiuar muzikë e bisnes në Universitetin e McGill-it në Montreal, ndërsa Jola mbaroi për bisnes në Universitetin e Torontos. Janë tipa të ndryshëm e i përkasin një brezi tjetër, por gjithmonë kanë qënë shtysë dhe mbështetje edhe për ne prindërit.

Në qoftë se do të filloja jetën nga e para si prind, me fëmijet do të sillesha ndryshe. Së pari, do të komunikoja më ndryshe dhe shumë më tepër me to. Sigurisht që jam ndikuar në mënyrën si jam lidhur nga më të vjetrit, nga prindërit, nga kultura dhe sistemi në Shqipëri. Them që duhet të merresha më shumë me to e ti nxisja të ishin më të pavarura e të ndiheshin më të përgjegjshme. Këtu prindërit lidhen krejt ndryshe me fëmijët. Por ndoshta kjo varet edhe nga karakteri i fëmijës.

Një dite tipike në Kanada është një ditë në punë. Sigurisht që puna më zë shumë kohë. Filloj nga ora shtatë e mëngjesit dhe kthehem në shtepi nga ora gjashtë e mbrëmjes. Çdo ditë udhëtoj në një distance 120 km vajtje-ardhje. U bënë 15 vjet që punoj në të njëjtën ndërmarrje që quhet 'Purity Zinc Metals' me biznes të qëndrueshëm. Puna më jep kënaqësi. Pas darke dal me Charlin, qenin tonë të cilin e kam mik të mirë. I flasim më shumë anglisht se sa shqip. E kemi mesuar të shoqërizohet, por është race Yorky që megjithese është i dashur, prape mbetet disi i egër e mbrojtës. Një shpirt luftarak në një trup të vogël.

Ditët më të bukura janë fundjava, duke filluar nga e premtja në darke, sepse mblidhemi me shokë e miq jashtë shtëpisë. Fundjava fillon e qetë, me një kafe ekspreso dhe ndoshta edhe një fernet. Mosha bën të vetën, pija sikur të jep një lloj energjie, një teke e vogël të mbledh kockat. Të shtunën e dua pushim absolut. Në darkë bëjmë diçka, mblidhemi e takohemi, shkojmë për vallëzim e për të pirë nga një gotë. Pastaj është edhe kënaqesia e vajzave që mblidhen me shokët e tyre here tek ne, herë tjetërkund.

Kur vjen pranvera merrem me kopshtin, ku rrimë e shpesh hamë dhe një drekë të këndëshme. Dhe në darke përsëri dalim. Përpiqemi të kalojme sa me shumë kohë jashtë. Luiza është e dhënë shumë pas kampingut. Kemi shkuar për kamping edhe në zero gradë, në fund të shtatorit, edhe kur ka dalë dielli jemi larë edhe në të ftohtë. Shkojmë të gjithë me të mëdhenj e të vegjel. Këtu ka shumë mjedise të tilla në parqe kombëtare e provinciale. Ashtu siç thotë edhe

Andrea

targa e makinës së Ontarios – 'Yours to discover'. Në fillim thosha: e çfarë ka këtu për të gjetur apo eksploruar? Por këtu ka vërtetë vende të bukura. E keqja është që vera është e shkurtër për të shijuar gjithë plazhet e mrekullueshme - buzë liqeneve. Ja edhe sot e nisëm ditën me një shëtitje në pyll. Këtu jane të kombinuar zonat urbane me pyjet. Këtu e kupton se çfare ndryshimi ka midis atyre që jane të prirur të shkatërrojne dhe atyre që janë të prirur të ndërtojnë: nëse ka rënë një pemë në pyll, autoritetet bëjnë ç'është e mundur që ta ringjallin e njëkohesisht ta mundësojnë lëvizjen e njerëzve të papenguar, nëse është prerë një pemë apo është krijuar një vrimë në rrugë, ajo është lyer me boje që ta dallosh e të mos biesh e të thyesh kokën, derisa të gjejnë nje zgjidhje më të qëndrueshme. Ndryshe atje në vendin tonë edhe dorezën e derës e pusetën e ujit e vjedhin që ta shesin. Kjo nuk është qytetari.

Nëse dikush këtu humbet diçka, ai që e gjen e vë mënjanë mbi një gur, apo e var në një degë peme në mënyrë që i zoti të mund ta rigjejë. Them që kjo bëhet nga ndjenja qytetare. Ndoshta kjo bëhet deri diku edhe nga frika sepse polici në Kanada e në Amerike është fuqiplotë. Nuk mund të bësh shaka me policin këtu. Megjithatë mendoj që të qënit qytetar është pjesëmarrje në shoqëri, në jetën e komunitetit me respekt, e jo me dhunë.

❧

Bisedë me dhjetë miq

Nuk është e lehtë që njeriu të ndryshojë identitet e të përshtatet. Njerëzit duan të jenë krenarë për vendin nga vinë, sepse vijnë të ngarkuar shpirtërisht e mendërisht, por mendoj që Kanadaja dhe Amerika janë vende ku integrimi dhe mbajtja e identitetit fillestar mund të realizohen njëkohësisht. Ne duhet të paguajmë koston e shpërnguljes, por kthimi në Shqipëri tani ndoshta do të ishte vetëm një zhgënjim i madh. Këtu ku jemi ndihemi mire.

Taksat vërtetë janë të larta, por problemet i zgjidh shpejt, fëmijët kanë një të ardhme dhe të gjithë në mënyrën e tyre mund të realizohen.

Përpiqem të ndihem pjesë e të tërës këtu. Sigurisht që votoj dhe nëse bëhet fjalë për gjëra që jane të rëndësishme vetëm për lagjen. Ja këtu pranë nesh donin të ndërtonin disa shtëpi 3-4 katëshe në një vend jo të përshtatshëm dhe banorët e lagjes ishin kundër këtij ndërtimi. U bënë disa mbledhje. Unë nuk isha as entuziast, por as kundërshtar, por e rëndësishme është të jesh i informuar se ç'ndodh rreth teje. Sigurisht që edhe festat kombëtare këtu i festojmë. Dhe unë ndjek me pasion basketbollin, hokejin e futbollin kanadez dhe atë italian.

E ardhmja varet nga ajo që vendosim të bëjmë tani; ëndrra kam, por me sa duket për to nuk luftoj. Kam dëshirë të jetoj në një vend më të ngrohtë. Të paktën në periudhën e dimrit. Tani nuk bëhet fjalë se ende punojmë, dhe dua të punoj deri sa të kem fuqi, të pakten deri sa të bëhem 70 vjeç. Këtë pune që bëj tani mund ta bej edhe më vonë. Ndoshta më vonë një lëvizje ose një mundësi në Karaibe, në Florida, qoftë edhe me një trailer, sepse këtu ato përdoren shumë. Ndoshta edhe në Shqipëri. Kemi nevojë për vitaminën e diellit.

Po vërtetë që kam menduar të kthehem në Shqipëri. Sepse më merr malli. U bënë vite që jetojmë larg, prandaj dua të shkoj e ta provoj të rri me gjatë. Edhe Shqipëria ka ndryshuar për mirë. Ndoshta do të mund të zgjidhet edhe problemi i pronave, në rastin tonë në Përmet, apo do të mund të blejmë një apartament në Himarë. Po të merrnim pronën tonë, do të shkonim me kënaqësi. Kjo është një ëndërr e bukur. Domethënë asgjë nuk është e prerë, të gjitha janë alternativa, mundësi të hapura. Sepse pa ëndrra ke marrë fund. Dhe ëndrrat jane të lidhura me Luizën dhe me vajzat.

Po dy gjëra duhet të jenë: forca e ligjit dhe prona. Zgjidhja e problemit të pronave është diçka që duhet të bëhet tani e jo pas 10 apo 20 vjetësh. Ata që kanë qënë deri tani në pushtet sikur kanë pasur një gjë të perbashkët, menduan si të pasurohen vetë e të mos zgjidhin këtë problem, ndoshta sepse të gjithë jane të gatuar nga e njëjta kuzhinë. Duhet gjetur një rrugëzgjidhje, sepse vetëm kështu Shqipëria do të gjeje drejtpeshim e do të krijojë perspektive. Për këtë ëndërroj, si plot të tjerë.

Gazi

*Çështja nuk është kush do të më lejojë,
por kush do të më pengojë.*
Ayn Rand

Po të tregoj se me *çfarë po merrem tani – thotë Gazi, tek zëmë vend në një tavolinë në një salle të qetë të Hotel Rognerit në Tiranë. Është mbasdite e këndëshme vere. Dhe ja fillon me një listë të gjatë projektesh me të cilat merret ai, e shoqja Anila, që është edhe partnerja e tij në biznes, dhe gjithë kompania prej 85 vetash që drejtojnë.*

Kështu ndodh sa herë që takohemi. Gazi më rrjeshton arritjet e tij me shpejtësi rrufe dhe mua më bën përshtypje gjithçka, megjithëse ndonjëherë nuk arrij të mbaj mend se ku ishte dje dhe ku do të niset nesër që herët në mëngjes. Gazi është gjatë gjithë kohës në lëvizje. Vitin që shkoi, ka qënë 140 ditë në rrugë, fluturim pas fluturimi nga njëri cep i botës te tjetri. Kësaj rradhe jam e përgatitur dhe kam me vete një magnetofon me të cilin do të rregjistroj bisedën tonë.

Veshët me kapin shifra, shuma, emra vendesh ku ka udhëtuar, universitetesh e qendrash biznesi ku ka dhënë mësim apo ka këshilluar, të gjithë njëri më i rëndësishëm e prestigjioz se tjetri. Gazi ka dëshirë të tregoje e herë pas here e shoqëron bisedën me ndonjë batutë, duke e bërë relativ gjithë lumin e arritjeve dhe sukseseve të njëpasnjëshme. Kështu ka qënë e kështu ka mbetur.

Të dashur lexues, gjithë këtë informacion ju do të mund ta gjeni shumë lehtë edhe në faqet e Internetit, sepse Gazi është figurë publike e njohur në Shqipëri dhe jashtë saj. Në vitin 2008 ai u zgjodh 'Young Global Leader' (Lider e Ri Botëror) nga Forumi Botëror Ekonomik i Davos-it. Gazi është diplomuar për Çështjet Ndërkombëtare në Universitetin e Kolumbias dhe më pas është shkolluar edhe në INSEAD Fontainebleau dhe në Shkollën e Bisnesit të Harvardit. Gazi është pronari i Opel-it, Avis - rent a car, dhe 'Albanian Experience'. Është themeluesi i guidës 'Tirana in your pocket' dhe bashkëthemeluesi I Universitetit Polis, ku çdo vit diplomohen rreth 100 studentë. Ai është i angazhuar edhe në shumë këshille drejtues apo mbikqyrës të shumë institucioneve në Shqipëri, Kosovë e Ballkan.

Gazi është dhe babai i dy fëmijëve si drita dhe bashkëshort i një gruaje zonjë, të emancipuar dhe me ambicje, Anilës. Ruatja e miqësise sime me Gazin 'fluturues' është mundësuar shpesh nga Anila.

Atëherë përse dua që në kete libër ku koha nganjëherë mbetet pezull, ku ritmi i të tashmes ngatërrohet me të kaluarën, të ketë një vend të veçantë Gazi?

Për faktin që Gaz Haxhia është nga miqte e mi më të mirë, me të cilin kam ndarë që prej 35 vitesh të mirën dhe të keqen. Për faktin që ai është i veçantë në atë që guxon të mendoje e të planifikojë për gjëra të mëdha ose 'think big' - siç thonë amerikanët. Ai gjithmone ka qënë i prirur të ndërmarrë, të guxojë, të vlerësojë mundësitë e kurrë të mos e vrasë kohën.

Ai ka ditur të të mbajë e të mos lëshojë, ka ditur të gjejë më të mirën tek miqte e të mundësojë që edhe ata të maturohen e të rriten në profesionet e tyre.

Për mua Gazi është edhe prototip i shqiptarit që nuk epet e di të bëjë hajër në vend të tij. Dëshira e tij për të nxënë, për të ecur përpara, për të marrë në mënyrë shumë racionale atë që i duhet nga çdo takim dhe prakticiteti i tij më kanë nxitur e frymëzuar edhe mua të bëj përpara e të dal nga ato pusi që nganjëherë na ngre mendja e dëshpëruar. Me Gazin kemi ndarë bankat e shkollës dhe po së bashku ndoqëm një kurs privat gjermanishteje në shtëpinë e profesor Njacit. 'Himelda!' – thoshte duke qeshur profesori, duke e ndarë në dy pjesë e duke e përshtatur në shqip emrin e të shoqes Himeldës: 'Sepse parajsa ime ja ku është' – shpjegonte.

Gazi flet për arritje, suksese, projekte, sfida dhe flet për to sepse ashtu e ka ndërtuar jetën. Dhe gjërat për të cilat tregon janë të prekshme, janë 'parajsa', oaze rregulli e mirëqënie të cilat ai i krijuar me punë. Biseda e asaj dite në tavolinë, pa humbur kohë u pasua me një vizitë në zyrat e reja të 'Albanian Experience' dhe më pas në shtëpinë e re të familjes Haxhia në një zone të re, në kodrat rreth Tiranës. Gjithçka përreth tij rrezaton mirëqënie, ashtu siç do të doja ta shikoja gjithë Shqipërinë: Zonjë!

Ja historia e Gazit:

Mendoj që shumë pak shqiptarë jetojnë si unë, megjithëse jeta edhe në Shqipëri është bërë shumë globale. Sot jam këtu, nesër shkoj atje, sepse bisnesin e kemi edhe këtu edhe jashtë vendit. Realiteti është

Shqipëri, hamë shqip, bisedojmë shqip, por une nuk mendoj si 'shqiptar'. Dita ka elemente shqiptare, po ashtu siç ka edhe elemente amerikane, stafi ne zyre flet e punon në dy gjuhë, dhe të gjithë ashtu siç janë mund të operojnë e të na nderojnë kudo, në çdo vend të botës. Sigurisht që në gen mbetem shqiptar, sepse më pëlqen se si ne i ndërtojmë marrëdhëniet me njerëzit, më pëlqen afërsia, nderimi për prindërit, apo zbatimi strikt i disa rregullave që per dikë mund të jetë si jashtë kohe. Për shembull nuk kam toleruar që vajza ime, ende fëmijë, të bënte tualet. Aq më tepër pa leje.

Kur më vinë miq i çoj të gjithë jashtë Tiranes për të parë Shqipërinë përtej kryeqytetit. Shumëkush mund të ketë një eksperiencë të keqe në Shqipëri, por janë njerëzit si ti e unë që mund të bëjmë që Shqipëria të ketë një fytyrë tjetër, të jetë një eksperiencë e mirë dhe e veçantë. Këto ditë del 'Tirana in your pocket' numri 9. Është nder, sepse kam investuar që në fillim në të. Eshtë nder që ne ende e nxjerrim dhe rinovojmë këtë guidë. Për mua është e rëndësishme të jem vetja, kudo që jam.

Njerëzit që më rrethojne dhe me të cilët punoj, përpiqem ti këshilloj e ti frymëzoj që të më kuptojnë, të me ndjekin pas e jo të më kenë frikë. Nuk kam as facebook as twitter, së paku sot per sot, sepse ndihem shumë mirë keshtu pa to dhe mendoj që jam i pranishëm për të tjeret edhe pa Internet.

E konsideroj veten me fat. Anila, gruaja ime është edhe mikja ime më e mirë. Ajo është edhe e sofistikuar edhe me këmbë në tokë. Tek ajo mbështetem e me të konsultohem. Anila është edhe në bordin e bisnesit, jo si gruaja e shefit, por e pavaruar. Dhe çdo gjë e analizon saktë e me kurajo.

Punët po shkojnë mirë. Këto jane kohë ndryshimesh e zgjerimi në aktivitete. Po piqen gjërat. Një projekt sjell tjetrin, aktualisht jemi bërë partneri kryesor për Ballkanit për tregun Aziatik të turizmit. Kemi 12 autobuza të rinj, 405 makina në flotë, shumë furgona e shumë mundësira për tu organizuar e përgjegjur kërkesës.

Një sfide tjetër ishte blerja e liçensës së Avis dhe të Budget. Kishim mjaft konkurrencë, por ja dolëm.

Kemi ndërmend të hapim së shpejti një zyre të re në Maqedoni, një në Kosovë dhe së fundmi edhe një në Azi. Po mbështesim një projekt me vlerë të madhe. Dhe kemi partnerë të rëndesishëm. Janë ata që ndërtuan autostraden Tiranë – Elbasan. Janë grekë dhe tani kanë nevojë për shërbimet tona në Maqedoni.

Ja të të tregoj për partneritetin me aziatikët: Për mua ishte një sfidë personale që ne të bëheshim partneri kryesor i tyre për turizmin në Ballkan. Per ne, Ballkani fillon që nga Moldavia e vazhdon me Rumani, Bullgari, Maqedoni, Serbi, Shqipëri. Kompania jonë merret me gjithë 'tour-in'. Çojmë autobuzin në Moldavi dhe prej atje deri në Serbi. Kemi ndryshuar modelin e bisnesit. Përpara 3-4 vjetësh, kroatët e sllovenët, na jepnin një pjesë të kësaj ndërmarrje dhe na thonin: 'Ja ju japim vetëm hotelin po deshët'. Ndërsa tani, duke kontraktuar direkt me partnerët në Azi, ne vendosim vetë se ku dhe kujt ja besojmë shërbimet. Për këtë arsye kolegu im ishte në Hong Kong perpara njëmuaji, une isha javen e kaluar ne Taiwan, në shtator do të jem në Japoni, në nëntor do të shkoj në Hong Kong dhe Indonezi, dhe dy kolege do të shkojne këto ditë në Singapor dhe Malajzi.

Sfida e dyte është të konsolidojmë këto që kemi arritur dhe të zgjerohemi me kujdes sepse në saje të punës kemi krijuar emër të mire dhe kur krijohen gjithë këto mundësi të reja e ka shumë fluks pune na duhet ti kemi muskujt e fortë për të përballuar ndryshimet që sjell zgjerimi i aktiviteteve. Na duhet të zgjerohemi me personel, vetem të kualifikuar e serioz në të gjitha detajet, që të mund të manaxhojmë rritjen.

Për këtë arsye unë merrem me dy gjëra – me strategjinë dhe me kulturën e kompanisë. Pjesën tjetër të kohës jam në lëvizje. Anila drejton gjithë 'day to day operations' (punën e përditshme). Sigurisht fryma e ndryshimeve ndihet edhe në zyrë. Migena është shefja e madhe e grupit të financës. Gjergji është bankier, dhe Tani merret me projektet e veçanta. Ka filluar edhe një djale të ri si shef i operacioneve të 'Albanian Experience'. Fillimisht e çuam në Bled, në Slloveni, në Shkollën e Bisnesit ku edhe jap leksione. Ai është 28 vjeç. Ne ja financuam gjithe studimet. Pa bërë kontrate që do ta detyronte të kthehej. U kthye e filloi punë. Mosha e stafit është 38, 35, 33, 29, 28. Për gjithçka që ka të bëjë me strategjinë dhe vendimet për zgjerim apo konsolidim keshillohemi edhe me mentorë të huaj e lektorë të Universiteteve më të mira të botës.

Diçka tjeter e mire është aprovimi i një Masteri në Administrim Bisnesi në anglisht në Universitetin POLIS. Kam dëshirë që atje të marre formë një projekt që po e quaj 'inkubator idesh', ku të mundësohen ide të reja, për çdo gjë, jo vetëm ide që kanë lidhje me bisnesin. Për shembull edhe ideja per të krijuar një kopsht fëmijësh, në bazë të një koncepti të ri, mund të lindë atje. Ajo që më pëlqen është fakti që çdo veprim apo vendim që ndërmerret nga ne në një fushe, në një mënyrë apo një tjeter, lidhet dhe gërshetohet me fushën tjetër.

Ndoshta mund të saktësoj diçka në lidhje me çfarë më bën të përveçëm. Sigurisht që puna është shumë e rëndësishme, por unë perpiqem të jem me gjithçka vetja, i përveçëm dhe në ndryshim të përhershëm. Prandaj kur dalim e gëzojmë me miq përpiqem të flas për gjera që nuk kanë aspak lidhje me punën, sepse kam edhe interesa të tjera. Nëse jam i përveçëm mendoj që jam per faktin që kam integritet dhe kam ndjenjën e përgjegjësisë. Jam familjar, gjithë fisi kur kanë halle vijnë e bisedojnë. Dhe unë përpiqem të kuptoj problemet e tyre, ashtu siç përpiqem ti shpjegoj

Mamit tim se me çfarë merremi e përse duhet të lëviz kaq shumë. Ne jetojme së bashku Mamin, e cila kujdeset për të gjithë ne dhe mbi të gjitha shkon mire me Anilën. Kjo më gëzon se edhe kur bën gati mëngjesin ajo e bën e motivuar dhe me përkushtim dhe kur gatuan për ne nuk mendon: O kush e shtyn edhe një ditë, o kush gatuan edhe sot ...'. Përpiqem që gjithçkaje që bëj unë dhe njerëzit përreth meje ti jap rëndësinë që i takon.

Diçka shumë e rëndësishme për mua është sensi i arritjes. Mendoj se i kam përcaktuar qartë objektivat e mia. Dhe nuk është objektiv i imi që të filloj këtu e të mbaroj atje, sepse edhe objektivat janë në vetvete një 'work in progress' (në bërje e sipër).

Ndjenja e suksesit më gjallëron. Ndenja se po realizoj gjëra që kanë kuptim edhe për të tjerët më mban gjallë. Ndoshta se mbi të gjitha dua ta shikoj veten si të vlefshëm.

Kur ke një ide, një sens të asaj që do të arrish, vënia e një objektivi bëhet më e lehtë. Për shembull në planin personal e ndjej që duhet të jem modest, të mësoj e njëkohesisht të përpiqem të kap majat e profesionit tim. Me 31 tetor më kane ftuar të jap tre ore leksion në Shkollen e Bisnesit TUCK, në Amerikë. Është më e mira e sojit të vet. Është arritje, është sfidë që do përgatitje.

Tjetër, përpara disa kohësh vendosa që të bija në peshë, 8 kg. Ishte një sfidë me veten dhe një dëshirë për të vleresuar rëndësinë e sportit. Ja arrita!

Tjetër, së bashku me Anilën kemi disa miq të ngushtë, të cilët jetojnë këtu. Dhe nuk mund të kesh miq pa investuar kohë me ta. Për mua kjo është e rëndësishme. Domethënë jo vetëm të kemi shumë shokë, por edhe miq të ngushtë.

Në fushën e bisnezit sigurisht që nuk vepron dot pa synuar në objektiva.

Në familje dua të jem një djalë, burrë, vëlla, dhe baba i mirë dhe i pazëvendësueshëm. Unë vërtetë lëviz, por e di që këtu jam i rëndë, i nevojshëm, i vlefshëm.

Mendoj që e gjithë jeta është një proçes. Unë nuk kam qënë ky që jam sot përpara një viti, përpara 3 vjetësh. Shpesh herë kam pasur 'wake up calls' (thirrje për tu zgjuar), si humbja e sime mbese, që më bëri të rishikoj shumë gjëra. Shpesh pas gjithë atyre udhëtimeve, kur kam shkuar në shtëpi dhe e kam gjetur Anilën të menduar e të lodhur, kam bërë kujdes që të mos e teproj me ambiciet e mia. Gjërat i kemi bërë dhe do ti bëjmë bashkë. Edhe bisedat me të janë thirrje për zgjim e reflektim.

Në shkollë të mesme kur filluam të mësonim anglisht, nuk kisha asnjënjeri në familje që fliste anglisht. Nuk arrija ta kuptoja zysh Artën (Daden) kur na fliste në anglisht. Vërtetë që nuk merrja vesh asgjë, por për mua ishte *either you make it or you break it* (o do t'ia dilja mbane o do të pëlcisja). Dëgjoja Zërin e Amerikës megjithëse nuk merrja vesh gjë. Kjo ishte sfida e atëhershme. Sdifa tjetër ishte fakulteti, që duhet ta mbaroja shkëlqyeshëm. Amerika ishte edhe ajo një sfidë e madhe. Sepse njëkohësisht isha shqiptari interesant (qesh) që nuk kishte asnjë lekë për të financuar shkollën, por edhe i riu europian mendjehapur që dinte të përshtatej. Mbaj mend që atëherë mësova të vishesha me pantallona të shkurtra dhe për rëndësinë e të pasurit të paktën të dy palë atletesh, një për verë dhe një për dimër. Kushtonin nga 100 USD secila, kur unë numëroja çdo qindarkë.

Prirja për biznes erdh natyrshëm. Që i ri, kur bëja guidën me grupe turistike, fitoja ca para. Kur shkova në universitet në Kolumbia, munda të jetoj me të ardhurat e ca perkthimeve nga anglishtja, por edhe nga frëngjishtja. Nevoja të bën të nxësh. Ishin punë që bëra për fondacionin e Sorosit këtu. Më paguan 4.000 dollarë që për mua atëherë ishin jashtëzakonisht shumë. I ftova prindërit për vizitë në Amerikë. U dhashë edhe 2.000 dollarë me vete që këtu në Tirane të mund të rregullonin banjon, të blinin karrige e të sillnin në terezi shtëpinë.

Mendoj që gjatë kësaj rruge janë vënë edhe piketat dhe prandaj ndihem i definuar e jo në krizë identiteti. Mendoj se duhet t'i jap botës përpara se t'i kërkoj. Edhe tani kur takoj miq e shokë të fëmijërisë, gjej kohë të bisedoj me ta. Për mua asgjë nuk ka ndryshuar në lidhje me ta. Ndoshta kam më shumë para, por nuk është paraja që më ka bërë mua. Unë e bëj atë dhe i jap kuptim. Pjesë e këtij arsyetimi është edhe vendimi për të mos emigruar, por për të ngritur folenë e për të investuar në Shqipëri.

Një mik që ka jetuar e studiuar jashtë më tha kur pa investimin në shtëpinë e re: 'Më fal po shoh që ke bërë një mrekulli në mes të këtij pisllëku. Kjo shtëpi në Në York do të kushtonte miliona dollarë. Nuk të vjen keq?'

Ju përgjegja: 'Ky 'pisllëk' është i bukur për ne, sepse ne këtu kemi vendosur të jetojmë.'

Kam zgjedhur të jem i distancuar nga politika. Klinikisht i distancuar. Shumë i distancuar. Nuk e bëj biznesin të lidhur nga politika dhe mua politika nuk më shfrytëzon. Kam miq në të gjitha kampet dhe kjo më ka rritur emrin, dhe njëkohësisht më ka bërë të pavarur. Domethënë bëj polikën time, dhe nuk angazhohem në politikë.

Patjetër i shfrytëzoj të gjitha mundësitë që krijohen, nga të gjitha anët. I përdor të gjitha kontaktet, dhe sot jane politikanët ata që kanë nevojë për mua. Sepse ne ofrojmë shërbimet më të mira në vend në fushën tonë. Përshembull kemi kontrate disa vjeçare me UNICEF-in, për organizimin e 'evenementeve' (ngjarjeve të rëndësishme), tani sapo filluam të punojmë me Bashkësinë Europiane, shkurt jemi 'the best company provider' (kompania që ofron shërbimet më të mira) në vend.

Politika nuk më ka penguar. Për Universitetin POLIS nuk kemi dhënë asnjë lek nën dorë. As për liçensën për MBA (Master në Administrim Biznesi) që morëm përpara disa kohësh. Njëherë na kundërshtuan, patën vetëm një argument dhe shumë xhelozi, folëm me dy-tre njerëz që janë në pozita kyçe, dhe u sqaruam. Ata të Ministrisë të Arsimit e vlerësuan të gjithën për mirë. Sigurisht që edhe ne kemi lobin tonë.

Më kupto, mua më vinë lekët nga jashtë. Bisnezi im dhe të ardhurat gjenerohen prej andej. Çfarë mund ti bëjnë grupeve tajvaneze politikanët e këtushëm? Unë e kam diversifikuar riskun. Kjo është zgjedhje. Kam kaluar shumë netë të pagjuma për të ndërtuar një bisnes model, me kurajo. Dhe këtë fryme ja kam futur edhe ekipit që nuk i bën syri terr. Kur fillova me grupet e turistëve disa të njohur më thanë: 'Sa budalla që je që do ti marresh në Moldavi.' 'E provojmë' - thashë. Tani ne një dite kemi pasur 18 grupe, që vijnë kryesisht nga Azia, por edhe Europa. Ata mbërrijnë atje dhe ne u mundësojme xhiron e madhe të Ballkanit.

Duhet ti provosh gjërat që të flasësh. Nuk do të doja prindër të tjerë. Kam qënë me fat që i kam pasur. Mbase po të kishin qënë më të arsimuar e më të futur, mendoj që do ta kisha pasur me të lehte në fillim, por jam i gëzuar për çfarë më kanë dhënë. Kanë bërë aq shumë për ne, ime me vazhdon të bëjë shumë për ne, dhe jam mirenjohës ndaj tyre dhe ndaj motrave.

Prindërit më mësuan që jetës nuk i bie dot shkurt, duhet të punosh që të arrish diku. Dhe tjetra: guxo e përballu me jeten! Të doli diçka që nuk shkon, dili përballë e përvesh mëngët. Përndryshe fli gjumë, prit se çfarë bie nga qielli dhe mos kërko. Secili ka jetën e vet. Nuk më takon mua të gjykoj tjetrin. Unë jam Gazi nga Shqipëria, që ka bërë hajër në vend të vet. Po të isha Gazi nga Amerika, sigurisht që të kisha krijuar profilin tim, por nuk do të isha ky që jam sot. Mendoj që ne duhet ti tregojmë qartë brezit që është rritur jashtë që çfarë ofron ky vend. Nuk bëhet fjalë për atdhedashuri, por për gjetje të vetes dhe oportunitetit. Nuk mendoj që ata që kanë lënë vendin dhe jetojnë prej 25 vitesh jashtë vendit duhet të kthehen. Ata dhe fëmijet e tyre mund të kthehen vetëm nëse këtu shikojnë mundësira, oportunitete.

Çështja çame është e rëndësishme megjithëse unë nuk kam lindur dhe nuk kam rrënjë atje. Është e rëndësishme sepse nderoj ndjenjat e prindërve dhe gjyshërve të mi që u dëbuan nga tokat e tyre dhe sepse kjo padrejtësi duhet të njihet si e tillë e jo të mohohet si çështje. E gjitha është në planin filozofik e emocional. Nuk bëhet fjalë për anën materiale. Ajo nuk ka vlerë.

Nesër do të shkojmë në Sarandë, se aty kemi organizuar një shkolle verore ku diskutohet e bëhet e njohur Çështja Çame. I marr seriozisht këto gjëra, megjithëse e di që çështja çame nuk zgjidhet, po nuk u fut në një axhendë serioze të Europës dhe të Amerikës. Nuk dua që çështja çame të vdesë dhe prandaj po merremi me botime e promovime librash, sapo bëmë një promovim në Angli, dhe organizime të tjera. Ansambli i Shtetit ka dhënë përpara disa javësh dy orë shfaqje me këngë e valle çame.

Jam për një Shqipëri pa kufi, sepse kufijtë janë një ndarje artificiale, janë izolim, janë hendeqe. Për mua Ballkani nuk ka rrezik konflikti, megjithëse quhet 'fuçi baruti'. Një Ballkan i zhvilluar ekonomik nuk ka përse të ketë kufij. Pas njëzet vitesh Shqipëria duhet të jetë si Italia, Greqia apo Spanja – në më të mirën e tyre. Me njerëz që lëvizin, që studiojne e kthehen, me martesa të kulturave të ndryshme. E hapur. Së pari duhet të ndryshojë ndjenja e përgjegjësisë. Fatkeqësia më e madhe këtu është që njerëzit presin nga tjetri. Njerëzit duhet të marrin përgjegjësinë e tyre. Edhe në rastin e botës së bisnesit, ne duhet të organizohemi, të mbështesim njëri tjetrin e të lobojmë në të mire të zhvillimit të ekonomisë.

Dua të jetoj shumë gjatë, të jem mes njerëzve që i dua dhe ti gëzohem sukseseve, familjes, fëmijëve. Kam dy objektiva personale të freskoj gjermanishten dhe frëngjishten. Sigurisht që mendoj për fëmijët dhe të ardhmen e tyre. Ime bijë Sibora më ka thënë që do të ecë në gjurmët e mia në bisnes, dhe që tani di të flase shumë mirë anglisht. E kaluara nuk më zë këmbët. Disa gjëra mund të ishin bërë ndryshe, disa njëlloj. Jam i kënaqur me ato që kam pasur. Nuk kam mllef. Jeta ime si e të gjithëve ka qënë e definuar nga sistemi në të cilin jetonim. Mendoj që kam marrë gjëra të tjera nga ai rregjim, i cili në një mënyrë ose në një tjetër i ka mbajtur njerëzit shumë afër njëri tjetrit. Në ora 3 mbasdite mbaronte puna, njerëzit gëzonin në mënyrën e tyre, festonin, cilësisht dhe me intensitet.

Cilësia dhe intesiteti i marrëdhënieve njerëzore e familjare ishte për tu vleresuar. Miqësitë e mëdha lindën në ato vite. Dhe atëhere fëmijet luanin pa frikë, bota për ta ishte më pak e rrezikshme. Sot, sot ime më i ruan fëmijët nga ballkoni kur dalin të luajnë jashtë. Sepse kemi shumë më shumë për të humbur.

Më thuaj me kë rri, të të them se cili je

Prindërit e mi janë martuar *të rinj. Në të njëjtën kohë që u diplomua, ime më më solli edhe mua në këtë botë. Nga një fotografi dasme, e veshur me fustan të bardhë, me mua në bark dhe në krah të tim eti, rrethuar nga miq e shokë, ajo vështron kameran e menduar, a thua se nuk kishte një ide të qartë se çfarë po ndodhte. Duke parë fotot e asaj dite, përpiqem të ndjej nëpërmjet shikimit të prindërve se sa e dëshiruar isha unë, fëmija i parë. Kamera është shkrepur disa herë atë darkë dhe në një fotografi tjetër ime më ka vënë buzën në gaz. Shikimi i saj i dlirë sikur shkon tutje, në të ardhmen, dhe arrin të më gjeje mua tek shkruaj për ta ketu.*

Sa të rinj kanë qënë - them per të njemijten herë dhe përpiqem t'i kujtoj prindërit e mi ashtu siç ishin atëherë, plot energji, të lehte, të forte, optimiste, të programuar për të mbijetuar.

Ashtu si edhe shumë gjëra e vlera të tjera, idenë që miqësia është diçka e mrekullueshme, e veçantë dhe jo e rëndomtë, ma kanë mëkuar ata. Të dy kanë plot shokë e miq, të cilët i kanë shoqëruar kudo ku kanë jetuar. Edhe sot, në pension e të pa angazhuar në politike apo në bisnes, ndër të parat gjëra që ata bëjnë kur shkojnë në Amerikë tek ime motër, apo kur vijnë në Holande tek unë është rinovimi i listave dhe adresave të miqve që i kane të shpërndarë nëpër bote. Miqtë për ta janë si oksigjeni. Kthimi i tyre në Tiranë më shumë se çdo gjë tjetër është kthim të miqtë. Megjithëse u duhen ditë qëqtë mësohen me mungesat e apartamentit të tyre në Tirane, ndryshe nga lehtësirat e Perëndimit, apo të ambjentohen me zërat shpues të analistëve e politikanëve që zotërojnë ekranin e televizorit, dhe me pesë kate shkallë të pallatit ku jetojnë, nuk i duhet as edhe një ore që të lidhen me shokë e miq e të lënë takime e të bëjnë plane. Në fakt disa takime i lënë që perpara se të kthehen në Tirane dhe kur jane aty nuk u mbetet gjë tjëtër veçse të futen në rrjedhat e jetës së saj.

Megjithatë ajo çfarë më ka tërhequr dhe ndoshta ka ndikur që miqësinë ta ngrej në piedestal e t'i jap një status të veçante nuk është thjeshtë harmonia që sillte ajo në familjen tonë, por diçka tjetër gati e papërcaktuar, gati gati 'jo e domosdoshme', disi problematike dhe e pa shpjegueshme. Dhe mendoj se kjo ka të bëjë me faktin që im atë megjithëse mbahet për burre i urtë, në shtepi ka qënë dhe mbetet luftarak. Në vitet e para të bashkëjetesës së tyre e të fëmijërise time e ndoshta deri më sot shokët e miqtë shpesh perceptoheshin e perceptohen si amplifikatorë që përforcojnë individualitetit e secilit, duke mos lenë as njërin as tjetrin të shkrihet e të harmonizohet në njëshin e madh. Shpesh here kur prindërit e mi bisedonin, argumentonin, apo bënin sherr, përmendnin emrat e miqve e shokëve. Përse e pengonin apo e besdisnin tim atë disa cilësi të spikatuara të sime meje dhe të shoqeve të saj? Përse edhe ime më nuk tërhiqej, por fillonte edhe ajo të rrjeshtonte përpara vetes një ushtri me shokë të tim eti, jo rrallë të hareshëm e të pakontrollueshëm? A thua se ishte ndikimi i tyre, dora e tyre e gjatë dhe e padukshme që i jepte forcë njërit apo tjetrit per të mos leshuar pe, për të mbetur individ i 'patretshem', dhe për të sfiduar kështu edhe atë që ishte 'norma', e zakonshmja, në ato kohë shpesh mbytëse.

Në sytë e mi, shokët e miqte e tyre merrnin një status 'disidenti', sepse sa herë që nuk binin në ujdi për këtë apo atë gjë, kokëfortësia e tyre, si e 'kolauduar' ishte kokëfortësi apo tipar i ndare me shokët, të cilët si magnet tërhiqnin e forconin individualitetin e njërit apo tjetrit.

Me kalimin e viteve, shokët e njërit u bënë dhe shokët e tjetrit, dhe prindërve të mi sikur u ra pasioni e dëshira për të qënë luftarakë e të patretshem, aq më tepër sepse së bashku mund të përballonin më mirë trysninë e mjedisit ku jetonim, dhe në fund të fundit edhe vënien në pikëpyetje të autoritetit prindëror nga ne vajzat që po rriteshim. Dhe unë, jo më e alarmuar nga zëri i lartë i tyre, u mësova të ndjej me mirë nëntonet e deri mesazhet e këtyre bisedave, gjithë fjalët e pathëna të cilat ishin po aq të rëndësishme sa ato që thuheshin, dhe do të kuptoja që bota e tyre dhe e imja për fat nuk ishte bardh e zi, por me ngjyra. Pa dyshim miqtë e tyre ishin ata që e thyenin dritën në shumë ngjyra dhe e bënin jetën më të jetueshme, më të bukur, më me vlerë.

Para sysh më dalin një nga një miqtë e shokët e prindërve të mi. Shokëve të tyre të fëmijërisë ju shtuan ata të rinisë, të Universitetit, të Radios e Gazetës, të zborit e të klubit të bilardos në rastin e babait, dhe të shkollave ku dha mesim ime më, përfshi edhe komshijet pensioniste, mikeshat me të cilat ajo pi kafen e mëngjesit. Të gjithë përmenden në bisedat e tyre, sepse të gjithë kishin dhe kanë diçka të veçantë. Të gjithë kanë qënë dhe ende janë 'bashkëpunëtorë' në mospërkuljen e tyre nën trysninë e rutinës, të pushtetit dje dhe të moshës sot.

Miqësia në diktature kishte vlerë të jashtëzakonshme, sepse i kundërvihej dy trysnive, asaj të familjes patriarkale, qofte ajo e vogël apo e madhe, dhe trysnisë të pushtetit. Me gjithë mosmarrveshjet e shpirtërat luftarake, prindërit e mi ishin një e të pandarë kur ishte fjala për mënyrën se si duhet të na edukonin ne, fëmijët e tyre, apo për mënyrën se si duhet të silleshin në shoqeri e se si duhet të përballonin sfidat e jetës.

Përse u duheshin gjithë ata shokë e miq, çfarë shtonin ata? Sipas poetit e akademikut C.S. Lewis: 'Miqësia, ashtu si filozofia apo arti, nuk është e nevojshme ... Ajo nuk ka vlerë në vetvete për mbijetesën; më shumë është një nga ato lloj gjërash që i jep shton kuptim mbijetesës'.

C.S.Lewis ishte mik i ngushtë me J.R.R.Tolkin, i cili është i njohur për romanet etij 'The Hobbits' dhe 'Lord of the Rings'. Tolkien njihet si babai i letërsisë fanstastike. Po ta shtyj pak më shumë mendimin, a nuk ka miqësia diçka fantastike? Sa here kam ëndërruar në vitet e rinisë të kisha një mik letrash, atëherë kur në Shqipëri nuk lejohej korrespondenca me jashtë. Sa herë kam ëndërruar e kam veshur miqtë e mi me cilësi gati jashtëtokësore. Dhe sa më pëlqen ajo shprehja e urtë 'Gjeje shokun më të mirë se veten', sepse mendoj që ajo të mpreh aftësinë të njohësh më mirë veten, aftësinë e të pranuarit së vetes me gjithçka, edhe me defektet e mangësitë, dhe të armatos me mençuri në zgjedhje.

Prindrit e mia mblodhën dhe ende mbledhin rreth vetes plot miq, të gjithë të ndryshëm, të urtë, të hareshëm, me sens humori, me pasione, me histori të bukura por edhe të dhimbshme, njerëz gjithë jetë, të zgjuar e të mençur, problematikë e të paqtë. Me sa di, asnjëri prej tyre ndër vite nuk e la shokun në baltë, dhe provat e sfidat nëpër të cilat duhet të kalonte miqësia e tyre nuk kane qënë të pakta. Çdo përpjekje e tyre për t'u ngjitur lart, për të shkuar disi me majtas apo me djathtas, për të kompozuar muzike ndryshe, shkruar ndryshe, folur ndryshe, menduar ndryshe, veshur ndryshe nga 'njeriu i ri' që projektohej nga rregjimi, kishte kosto sociale dhe dënohej. Dhe nuk ishte rastësi që ndonjëri prej tyre në një mënyrë ose në një tjetër u plagos e u dënua paq nga këmbëngulja për të qënë dikushi, për të qënë i përveçëm. Prandaj të ruajturit e miqësisë, në kushtet e diktatures kishte në vetvete një vlerë të pamatshme. Ajo pastronte e i jepte forcë shpirtit që nuk donte të ndrydhej e të nënshtrohej.

Bisedat deri pas mesnate në kuzhinat e dhomat e vogla të ndënjes të shtëpive tona, apo buzë detit në 15-diteshat e pushimit të prindërve, në bordurën e lulishtes së bulevardit 'Dëshmoret e Kombit', në kafenetë e mbushura me tym, e gjatë shëtitjeve në rrugët pa makina janë të papërsëritshme dhe të paharrueshme përderisa të jenë gjallë dëshmitarët e tyre.

Greta

Pa muzikë jeta do të ishte një gabim.
Friedrich Nietzsche

JO ÇDO FJALË E GJEN vendin e vet ne një fjali, në një poezi apo një shkrim. Jo çdo notë e gjen vendin e duhur në një pjesë muzikore, aq më tepër kur ajo duhet të kombinohet me fjalën. Ashtu edhe njerëzit; jo të gjithë arrijnë të gjejnë veten brenda një rrethi të caktuar, një brezi, një shoqërie apo komuniteti të dhënë. Aq më tepër kur rregullat e një shoqërie apo të një komuniteti janë të paracaktuara dhe të diktuara, duke kufizuar mundësitë e individit për të ndryshuar vend, për të thyer skemat e për tu zhvilluar. Çfarë i mbetet të bëjë? Kjo është diçka krejt personale. Në mos sot, nesër, diçka ndodh sepse dëshira e njeriut për të qënë i nevojshëm dhe në kontroll të qënies është po aq e vjetër sa edhe vetë qënia.

Teta Greta është mësuesja ime e parë e muzikës. Mësueja, e cila me çelësin e solit arriti të hapë për mua e shumë fëmijë të brezit tim portat e një bote të pakufishme, botës së muzikës. Mbase mund t'ju kujtohet ky fakt: shkencëtarët amerikanë vunë në bord të anijes kozmike që u lëshua në hapësirë në vitin 1977, të ashtuquajturat Voyager Golden Records (disqet e arta të Voyager-it) të mbushura me muzikë e imazhe të botës sonë. Disku, si një kapsule kohe, permblidhte informacion *për jetën në tokë dhe sipas Karl Saganit i përngjante një shisheje të hedhur në oqeanin kozmik, që jep shpresë për njohjen nga jashtëtokësorët të jetës në planetin tonë.*

Afërsisht në të njëjtën mënyrë dhe në të njëjtën kohë mësuesja jonë e muzikes, Greta Mullaj, nga qyteti i vogël i Krujës, ku e kishte sjellë fati, hidhte shishen me mesazhin e saj në oqeanin e ndjenjave fëmijërore dhe përpiqej të komunikonte me ne nëpërmjet muzikës, përtej gardheve, ndasive, masave të sigurisë, dhe përjashtimit dhe izolimit fizik dhe shpirtëror sistematik që i bëhej nga pushteti komunist. Mund të duket si diçka e çuditshme, që ajo megjithëse ishte mësuese muzike, ndjehej dhe ishte në fakt e keqtrajtuar, po të përdorim fjalën më të zbutur të mundshme.

Teta Greta ishte për mua mësuesja më e bukur në botë, falë shtatit të hollë, flokëve me onde që fshihnin një balë të ngushtë, lëkurës së lëmuar të mollëzave, buzëve të mrekullueshme, duarve që luanin e dirigjonin mbi kokat tona dhe syve të shndritshëm që flisnin, këndonin, kuvendonin, qeshnin, përkthenin, qortonin e tregonin për botë të tjera të bukura të mbushura me muzikë, atëhere kur buzët mbërtheheshin e nuk lëshonin zë. Teta Greta personifikonte për mua një bashkim të Borëbardhës që duhet të punonte pa papushim dhe pa u ankuar dhe Princeshës së bukur e të talentuar e cila nuk duhet të tregonte se kush ishte, nga vinte e nga shkonte dhe që të gjithë i bënte për vete me hiret e zgjuarsinë e saj.

Dashuria për femijet e ngjizur me dashurinë për muzikën bënte që ajo të shkëlqente, dhe të zgjonte edhe tek ne pasionin për muziken. Ajo ishte një mësuese e thjeshtë, e cila falë dashamirësisë, mëshirës, zemërdobësisë apo edhe uljes së vigjilencës të atyre që qeverisnin ndaj të ashtuquajturit 'armik i klasës', ishte lejuar të jepte mësim në një shkollë tetëvjeçare në një qytet të vogël si Kruja. Por personaliteti, vullneti e mirësia e saj i kishin bërë një vend të veçantë në zemrat tona, e jo vetëm tonat, por edhe të prindërve tanë. Ja përse urdhëri i verbër nga lart zbehej përpara punës së saj dhe ajo nuk u degdis të punonte në fermë, si shumë njerëz të 'prekur', shumë prej të cilëve në mos plotësisht të persekutuar nga rregjimi, së paku ishin mënjanuar nga jeta aktive, dhe i binin kazmës nga mëngjesi në darkë për të mbijetuar.

Ata burra që bënin ligjin në emër të partisë në pushtet, them burra sepse shumica ishin burra të shëndetshëm e kokëtrashë, e nënvleftësonin pushtetin e muzikës, ndikimin e saj në ndërgjegjen e fëmijëve të asaj kohe. Çdo diktaturë përpiqet ti prejë krahët artit apo ta vëjë krejtësisht në funksion të vet. Diktatura shqiptare la shumë piktorë pa penel e pa telajo, la shumë artistë pa instrumente, shumë shkrimarë pa laps e leter, duke i vënë në provë kujtesën, imagjinatën, vullnetin e durimin për ditë më të mira. Teta Greta vërtetë kishte ardhur e kishte hyrë disi si skiç në jetën e mbyllur të krutanëve. Në detyrën që i ishte ngarkuar duhej të ishte e padallueshme, të rrinte në hije, e për më tepër të mos ishte asnjëherë e vleresuar apo e inkurajuar haptazi në publik. Por ajo zotëronte sekretin që nëpërmjet violinës të bëhej njësh me muzikën, dhe keshtu të komunikonte me një tjeter tingull për një bote tjetër, me të madhe, me të mirë, e të lirë.

Kjo bisedë me të pas shumë vjetësh, një mëngjes vere në një kafene në breg të Adriatikut, është një përpjekje për të hedhur dritë e për të ndarë me ju jetën e një njeriu të dashur për mua, që vuajti, luftoi e gëzoi një jetë të tërë nga që kishte një ëndërr e një pasion të madh – muzikën dhe dëshirën për t'i mëkuar fëmijët me dashurinë për këngën e për muzikën duke i bërë ata më të mirë e më të plotësuar në jetë.

Një ditë të bukur, kur unë isha 6 vjeç, mami im, grua e re me tre femijë të vegjël e me shumë probleme, takon një mikeshe, Bardha Prodanin, dhe mëson që në Tirane ishte hapur një shkolle e re - Liceu Artistik, i cili kishte edhe konvikt. 'Fëmijët jetojnë e studiojnë aty, dhe bëhen muzikantë. Nëse ti ke dëshirë, Gretën e fusim në Lice' – tha Bardha. Ashtu u bë. Ishte dhjetor, shkolla kishte filluar në shtator. Isha më e vogla e klasës, gjithë nxenesit e tjerë kishin mësuar ABC-në dhe mami zgjodhi për mua si instrument violinën.

Me thënë të drejtën, unë ende doja të luaja me kalamajtë e tjerë, në rrugë, isha e shkathet dhe mësuesit më jepnin edhe 'punëra' të tjera. 'Greta, e do të na i sjellësh drutë e zjarrit?', 'Greta bëje këtë, Greta bëje atë' . Më caktuan me profesor Papariston. Me sa duket e çmuan që isha fëmije me të dhëna të mira, siç themi sot për femijet e talentuar, megjithëse nuk studioja aq shumë. Mbas gjashtë muajsh, do të jepej një koncert i madh ku do të merrnin pjesë përfaqsues nga partia e qeveria. Kishte edhe plot të huaj. Ishte viti 1955. Pavarësisht nga problemet që kishim në familje (mami nuk donte që ne të ndjenim mungesën e babait, i cili ishte diku jashtë shtetit, me sa dëgjoja e kuptoja - me shërbim), më kujtohet që shkoi e dhuroi gjak, mori lekë aq sa më bleu një pale sandale të bardha dhe një cope tafta kineze. E çoi copën tek Ada, një rrobaqepëse shumë e mirë. Në koncert u paraqita bukur, si një flutur. Luajta në violinë dy pjesë të vogla të Mozartit e Mendelsonit.

Në 1957 ime më u përjashtua nga Partia dhe babai, major Galip Sojli, që deri atëherë ishte i vlerësuar si ishpartizan dhe që gëzonte besimin e partisë, u shpall armik. Tim eti ju kërkua të luante një rol të dyfishtë pro dhe kundër vendit të tij, ndoshta nën torturë. Përse e qysh nuk mund ta kuptoja se isha fëmijë. Por që prej asaj kohe jeta e familjes sime mori teposhtë. Në Lice duhet të mendoheshin mirë përpara se të më nxirrnin në një tjeter koncert.

Violinën e desha dhe u lidha me të edhe me shumë pas një ngjarje të shëmtuar që përjetova në Lice. Isha 12 vjeç. Në Lice vjen një nga personalitet politike të kohës. Shoqet e mia të klasës, të cilat i kishin krahët e ngrohta, filluan të lozin e të grisin gazetat e murit të shkollës. Unë e dija vendin tim dhe nuk u shoqërova me to. Por këshilli pedagogjik vendosi që unë isha fajtore për grisjen e gazetave... Meqënëse duhet të ndëshkonin dikë për indicentin, vendosen që të më përjashtonin mua nga shkolla. As sot e kësaj dite nuk e di nese ky ishte një sebep, por si do që të ketë qënë, ishte një goditje të cilën e perjetova keq.

Ime më bëri çmos, gjeti një mundesi të më çonte të një pedagog për mësime private. Ai pedagog nuk ishte thjeshtë një mesues muzike dhe familja e tij nuk ishte një familje si të gjithë të tjerat. Në vitet që pasuan ata u bënë ëngjëjt e mi mbrojtës. Të dy burrë e grua, Islam (Lam) Petrela dhe Vasilika Petrela, ishin mësuesit, mentoret e mi dhe në një lloj mënyre edhe prindërit e mi. Ata punuan e u morën me mua në mënyrë të jashtëzakonshme prandaj gjithë zhvillimit tim muzikor ja dedikoj atyre. Në ato kohëra, ata jetonin në një bodrum. Lami ishte i persekutuar. Më vonë, me aq sa di, falë punës të së jatit të Likes, atyre ju dhanë një apartement të thjeshtë. Në shtepinë e tyre fillova të dëgjoj muzikë me orë të tëra, të lexoj çfarë më binte në dorë, ditë e natë. Ndryshova krejtësisht rregjimin e ditës, sepse si prindër e pedagogë ata me futën dashurinë për violinen e disiplinën e të punuarit. Rrija deri vonë me ta, nganjëherë deri në 11 të natës. Ndoshta nuk kisha impostacion shumë të mirë, por Lami ka qene një pedagog i mrekullueshem, që më nxiti të studioj 7-8 orë në ditë. Çdo ditë ngrihesha e filloja të punoja që në orën 5 të mëngjesit. Violina u bë jeta ime. Çdo gjë, çdo gëzim, çdo trishtim, të gjithë dashurinë e botës doja ta shprehja nëpërmjet instrumentit. Sigurisht që njerëzit i doja, por me violinën qeshja, qaja, jetoja, gëzoja. Violina ishte mjeti për të hapur një udhe, e vetmja mundësi që të bëhesha dikushi.

Pas shumë përpjekjesh ime më arriti të më fusë përsëri në Lice. Gjatë viteve në Lice, me shumë mund mora pjesë dhe luajta në disa koncerte edhe si soliste, por asnjëherë në mjedise me peshë, si për shembull me

Orkestrën e Operas dhe Baletit. Në moshen 18 vjeç u diplomova me notën 10. Sigurisht nuk ishte e thjeshtë që vajzës së Galip Sojlit, tashmë i cilësuar si armik, t'i jepnin notën dhjetë. Megjithëse kisha maksimalen, u emërova menjëherë në Gramsh si mësuese muzike. Një paradoks, sepse pavarësisht nga nota nuk më jepej e drejta për të vazhduar konservatorin, dhe as për të studiuar në ndonjë degë tjetër. Kisha degjuar që Gramshi ka qene me kohë e me vaft edhe vend internimi. Tashmë këtë do ta provoja mbi kurrizin tim.

Atë periudhë e kam vuajtuar shumë, aq shumë sa nuk rrëfehet. Ç'të bëja? Murit me kokë nuk i biet - thonë më të vjetrit. Isha vetëm 18 vjec. Shtegun për ta kapërcyer krizën e besimit në vlerat që duhet të mbarte çdo e re si une që sapo dilte në jete, e gjeta te instrumenti. Vazhdova të luaja e të studioja violinë, ndonëse politika më kishte goditur e më kishte plagosur.

Pak kohë pasi shkova në Gramsh, më futen në një orkester popullore, megjithëse unë nuk e njihja e as kisha ndonjë afeksion të veçantë për muzikën popullore. Atëherë kuptova që mënyra e vetme për tu realizuar në muzikë ishte nëpërmjet fëmijëve. Në atë qytet të vogël, ku nuk më mungoi dashamirësia dhe fjala e mirë, krijova një kor me 120 fëmijë, dhe në çdo notë të atij kori vura zemrën time. Veçmas gratë e atij qyteti u sollen shumë mirë me mua. 'Greta është 18 vjeç, por ajo sillet si një grua e pjekur.' thonin. Nevoja më kishte rritur para kohe. Dhe fjala e mirë e atyre grave anonime më jepte ekuilibër, më krijonte besim në vete.

Më dhanë dhe një klasë në kujdestari dhe fillova të merresha seriozisht me fëmijët. Kisha një klase me 40 fëmijë, njëri me fukara se tjetri. Mbaj mend një fëmijë, Jakupin, 10 vjeç, me një kokë të madhe e sy bojeqielli. Ishte jetim, pa familje, dhe jetonte me druvarët në mal. E çova të shefi i seksionit, bidesuam dhe më në fund e futën në shkollë dhe në konvikt, keshtu ai arriti të arsimohej. Jeta i mori një drejtim më të mirë se çdo të bënte pyjeve. Në Gramsh, më tepër se me mësimdhënie, merresha me koret e bukura të fëmijëve, punoja me orare të zgjatura, jepnim koncerte për çdo festë, për 28 e 29 nëntor, për Vitin e Ri, për 1 maj.

Kështu bëra edhe në Krujë, ku shkuam pas Gramshit së bashku me Rrezin, bashkëshortin tim. Gjatë 20 vjetëve që kam jetuar në Krujë, 18 here kori që drejtova mori flamurin e festivalit të fëmijëve. Këto ishin festivale të shkollave të rrethit të Krujës, dmth ne ja kalonin Laçit, Mamurrasit, Fushë Krujës, Thumanës e qëndrave të tjera të banuara të rrethit. Perveç këtyre kemi marre edhe tre çmime kombëtare, që asnjëhere nuk i kam konsideruar si çmime që më janë dhënë mua personalisht, ndonëse kënaqësinë e kisha të madhe, të jashtëzakonshme. Sepse sfidës së përçmimit të të gjithë aftësive e të jetes sime i përgjigjesha me sfidën e punës së përkushtuar. Ja përse në ato vite gjithë pasioni për violinën kaloi tek kujdesi për fëmijët. Nëpërmjet mësuesisë dhe femijëve unë doja të gjeja një mënyrë si si të shprehesha, të realizoja veten. Më pëlqenin këngët e kompozuara të atyre kohëve, ku derdhej shumë dashuri për nënën, atdheun, dëshmorët, për njëri tjetrin. Pavarësisht se jo në një rast nuk më besonin e nuk më vleresonin, madje dhe me spostonin duke arritur deri aty sa t'i bija violinës edhe prapa skenës në shoqërimin e fëmijëve të cilëve u kisha mësuar ABC-nwe e këngës, ky ishte vendi im, ata ishin fëmijët e qytetit ku po rriteshin edhe fëmijët e mi, me disa nga prindërit e tyre kisha marredhënie të mira miqësore.

Në Kruje krijova grupin e violinave, nxënësit luanin, përpiqeshim të arrinim diçka, pavaresisht se mentaliteti i prindërve ishte disi pengues e mosbesues. Duhet të sqaroj që në krahasim me Krujën, në Gramsh, ku kishte shumë të ardhur nga gjithë vendi, prindërit përgjithësisht ishin më të hapur ndaj muzikës e këngës. Jam ndjerë mirë kudo ku kam punuar, megjithëse as fëmijët, as prindërit nuk e kuptonin që instrumenti do sakrificë. Aq më tepër që unë nuk jepja mësim në shkollë muzike profesionale dhe ambiciet e shumë prinderve nuk ishin të larta. Me këtë rast, mund të të them me bindje që shkollat e muzikës i kemi pasur të mira.

Nuk e kisha aspak të lehtë megjithëse asnjëherë nuk e humba fillin. Me Rrezin u njoha në një mbrëmje që organizoi djali i xhaxhait. Unë adoloshente, Rrezi ishte më i madh, në universitet. Më pas përshëndeteshim në rrugë. Më dukeshe shumë i edukuar, klasik e tradicional për kohën. Më bënte përshtypje që ai më përshëndeste si në kohë të shkuara, në fakt si jashtë kohe. Atëhere nuk e dija që i binte fizarmonikës. Djali i xhaxhait mendonte që ne të dy do të bënin një çift të përkryer. Rrezi kishte gjyshin sëmure dhe kur e shikoja e pyesja për gjyshin. Njëhere pas disa vitesh guxoi dhe më pyeti: 'A pranon të të qeras me një pastë?' Shkuam në një pastiçeri dhe morën ca pasta shumë të mira, 15 lekëshe. Deri atëhere nuk kisha hyrë kurrë në një pastiçeri. Mund të duket si çudi, por po të them se nga Lika (Vasilika Petrela) mora një edukate shumë të kuadruar. Ajo çdo gjë e kërkonte deri në përsosmëri. Jeta ndoshta i kishte mësuar 'fin troppo' të ishin shumë të edukuar e të kontrolluar. E kundërta si natyrë ishte mami im. Asaj edhe sot e kesaj dite i pëlqen shoqëria, i pëlqen të kërcejë, të këndojë, të gëzojë, të qeshë, por unë nuk i ngjaj asaj. Së bashku me babin kur ishin të rinj ata shkonin e gëzoheshin nëpër mbrëmje vallëzimi. Ndërsa Lika ishte aq pedante sa nuk më la të shkoja as në mbrëmjen e maturës. Ju binda. Ajo kërkonte që unë të bëhesha dikush, dhe çmimi ishte që të mos isha dhe të mos bëja si gjithë të tjerët, por të isha shumë shumë e matur. Mire a keq s'e di, po kështu u gatova në ato kohëra gjithë absurditete.

Greta

Lidhjen me Rrezin e ruajta, dhe pas tre vitesh në Gramsh, vendosëm të martohemi. Shkuam, do më thënë na transferuam me punë, në Krujë. Te Rrezi gjeta vërtetë një mbështëtje të jashtëzakonshme. Ishte i mirë, i ëmbël, i njerëzishëm, dhe vinte nga një familje me shumë kulturë. Në jetë ndoshta unë nuk kam pasur fat – kur mendoj lidhjen time me instrumentin, me violinen - por mua zoti më dha një familje të mrekullueshme. Familja ime dhe ajo e Rrezit ishin fati im më i madh, që deri diku më shëruan, duke e shuajtur inatin e trishtimin tim për pamundësine për t'u bërë violiniste me emër, gjë të cilën e kam ëndërruar. Në Krujë, Rrezi me ndihmonte duke shoqëruar me fizarmonike gjithë përgatitjet e koncerteve të koreve të fëmijëve.

Tani jam 68 vjec dhe kam 50 vjeç që punoj. Për mua puna është gjëja më e rëndësishme, qoftë kur kam dhënë mësim në shkollë, qoftë kur kam punuar e kënduar me plakat e paralizuara në Itali, qoftë kur kam drejtuar grupin e violinave në Krujë apo korin e fëmijëve në Gramsh, qofte edhe sot e gjithë ditën me studentët në Itali, se atje na hodhi jeta.

Ajo që i dha kuptim të plotë jetës sime dhe më bëri të ndihem e realizuar është fakti që ime bijë, Suela u bë violiniste. Edhe atë fëmijë 6 vjeç, nuk donin ta linin të studionte në Lice. Bëhet fjalë për vitin 1981-82. Kishin kaluar vite, unë isha mësuese muzike në Krujë dhe kur ajo shkoi për tu rregjistuar në konkurs i thane 'jo ti nuk do të konkurosh!' Njeriu duron shumë, por të shikosh fëmijën tënd të përjashtuar të dhemb edhe më shumë. Ata në pushtet ishin edhe më të egër ndaj saj se ndaj meje. Rrezi shkoi e takoi Xhemal Dymyljen, sekretarin e parë të Komitetit të Partisë në Krujë, dhe ju lut që të na ndihmonte që Suela të mos përjashtohej, por ti jepej e drejta të konkuronte në Tiranë. Ai e vuri dorën në zemër. Ndërhyri e na ndihmoi. Suela u lejua të rregjistrohej në konkurs dhe fitoi!

Një sfidë e re, një shpresë, një gëzim. Në atë kohë shkoja çdo ditë në Tiranë, punoja 3-4 orë të mira me Suelën dhe kthehesha e punoja në shkollë në Krujë. Ishte një rraskapitje e madhe, po të kesh parasysh transportin me autobuza e oraret e punës sonë, por edhe një kënaqësi e jashtëzakonshme sepse ajo kishte talent dhe unë po realizohesha deri diku nëpërmjet saj.

Të betohem, kur Suela luan violinë dhe jep koncerte më duket sikur shpirti im është te ajo. Më duket sikur bëhem njësh të, më duket sikur luaj vetë. Herën e parë që e kam ndjerë këtë jam befasuar, se nuk e kuptoja se çfarë po ndodh. Por muzika ketë bën, ajo nuk njeh moshë, kufij, ideologji. Një artist në skenë nuk i përket vetes, ai bëhet pjesë e harmonisë universale.

Le të permend këtu që kur Suela filloi të studiojë në Liceun Artistik, aty ishte Robert Papavrami, i cili ka bërë shumë shumë punë për ngritjen e shkollës së violinës. Berti na ka mbështetur shumë. Ai ishte kurajoz. Berti dhe Zhani Ciko vërtetë kanë ndihmuar në edukimin e Suelës në Lice, duke ja njohur talentin dhe duke u përpjekur ta ngrinin sa me lart profesionalisht, ndonëse ishte ende e re dhe e parritur.

Realisht ajo me kalimin e kohës, në përpjekjen e saj si instrumentiste është më me intuitë dhe më me kulturë se sa unë. Në vend të Gramshit e të Krujes ku më hodhi mua fati, ajo pati mundësine të jete e lire, të njohë e të ballafaqohet me boten e madhe, të studiojë me pedagogë të njohur e të famshëm, që në moshën 15 vjeçare.

Fillimi i viteve 90-të, si fillimi i një epoke tjetër, do të sillte ndryshime të mëdha në jetën tonë. Dhe ja se si i përjetuam ato ditë të fillimit të kthesës: Një natë, në oren 4 të mëngjesit, pas portës së madhe të oborrit të shtëpisë të familjes së Rrezit në Tiranë dëgjonim fjalë, zhurmë, njërëz që këndonin 'Për Mëmëdhenë' me zë të lartë, si dhe këngë partizane. Shtëpia jone ishte mbi rrugën e Elbasanit, jo larg nga Qyteti Studenti. Isha së bashku me Lulen, motrën e Rrezit, dhe i thonim njëra tjetrës – 'jemi në ëndërr, apo çfarë po ndodh?!' ' Kishte disa dhjetëvjeçarë që Tirana nuk pipëtinte spontanisht. Pa pritur gjatë, ashtu siç ishim, dolëm edhe ne dhe u nisëm për nga Qyteti Studenti. Atë ditë e kam ndjerë në palcë se çfare ndjenje e fuqishme është të qenit e lirë. Vramë frikën. Vërtetë një ditë e jashtëzakonshme. Sikur e ndjeja se si hapej përpara nesh një bote e re. Nga ngjarjet e ambasadave deri tek 'pushtimi' i anijeve në Durres më dukej se po shikoja me sy të hapur një ëndërr që e kisha pritur gjithë jetën. Im bir, Mili, donte të largohej me çdo kusht nga vendi, por na kishte përballë ne, prindërit, gjyshërit, e plot të dashur të tjerë tanët, që për njëqind e një arsye nuk kishim kuraje që ti linim fëmijët të merrnin rrugët e botes ashtu sa çel e mbyll sytë. Megjithate Mili provoi gjithçka, njëhere u përpoq të kaloje nga Hungaria, ku u end pyjeve dy javë, në acarin e dhjetorit. Nuk ja doli, u kthye. Hipi me pas në një vapor, por nuk arriti të ikë. Herën e tretë u nis me avion dhe përfundoi në Austri. Bënte si mijëra moshatare të tij, të rinj ëndërrimtare, shpesh të pangrënë, mes tyre edhe rrugaçër, por që të gjithe nevojtarë, të gjithë në kërkim të një jete më të mirë. të lirisë.

Kishin filluar ndryshimet pa kthim. Zhani Ciko krijoi një grup me instrumentiste të rinj, ku u përfshi edhe Suela. Por edhe ajo, edhe atëherë kur diktatura po jepte shpirt, pati një përvojë të dhimbshme. Grupi i instrumentisteve ishte përgatitur që të shkonte në Greqi. Në momentin e fundit na lajmerojnë që Suela nuk mund të shkojë në Greqi. Ishte vetëm 14 vjeç dhe e përjashtojnë, e plagosin edhe atë, vetëm sepse është ime bijë dhe mbesa e Galip Sojlit. Kjo ngjarje tronditëse i takon vitit 90-te, disa muaj përpara se të vinte demokracia. Të tjerët ikën. Ajo mbeti. Donin që edhe atë ta thyenin, ta shkaterronin, ta ligështonin, siç kishin bërë sistematikisht me mua. Di që Zhani Ciko u përpoq shumë e nuk la derë pa shkuar që

Suela të përfshihej në këtë grup. Disa muaj më vonë, në të parin udhëtim jashtë, në Austri, e morën edhe time bije. Ishte një rilindje. Pasi u kthye nga Autria, shikonim gjithë interes njoftimet e konkurseve në vendet fqinj, ku mes të tjerave fiksuam një të tillë në Gorizia. Suela kishte mësues Roland Xhoxhin, një pedagog shumë i mirë. Ajo u përgatit dhe u nisëm të shkonim të dyja. Aty filloi po e them me gojen plot aventuara jonë, nënë e bijë. Unë 42 vjeç, ajo 15 vjeç.

Jemi nisur për rrugë vetëm me 100 dollarë dhe diçka më shumë se 50 mijë lireta. Shkuam me linjën detare Durrës-Trieste për 26 orë. Me ne erdh edhe Rolandi, pedagogu i Suelës. Në anije, Suela u miqësua me një tregtar udinez, i cili quhej Antonio Bernardi. Suela fliste italisht dhe gjatë udhëtimit arriti ti tregojë historinë e familjes së vet. Duhet të sqaroj që Suela është krejt ndryshe nga unë, gje që ti e mban mend nga vitet e fëmijërisë që i kaluat së bashku në Krujë. Edhe sot e kësaj dite, unë mbetem e terhequr. Ai tregtari i tha vajzës 'Dëgjo, bija ime, nëse do të kesh nevoje më merr në telefon dhe brenda pak oresh do të jem prane jush.' Mund të quhet kjo njohje një rastësi fatlume. E sjell këtu për të thënë edhe që emigrantet e parë që 'zbarkuan' nga vendi ynë në Italinë fqinjë jane pritur plot dashamirësi nga njerëz të thjeshtë e deri nga strukturat e shtetit, jane ndihmuar e mbështetur, ndryshe nga çfare ngjet vitet e fundit. Shpesh 'fajin' për këtë e kemi vetë ne, që shpesh ja nxjerrim bojën vetes në botën që na rrethon, duke u bërë bartës të antiligjit e antimoralit.

Shkuam në Gorizia. Tregtar Bernardi, miku i ri i Sueles, na u gjend shumë. Na çoi në disa hostele dhe na ndihmoi që të mund të rrinim disa dite atje. Në atë konkurs Suela fitoi një çmim dhe pati një shpërblim. Veç kësaj edhe miqte e tregtarit Bernardo na ndihmuan me shumëçka. Çdo gjë ishte për ne e vështire, e kushtueshme, ndërkohë që ne kishim vetëm ëndrra, dëshirën dhe vullnetin e hekurt për t'ia dalë mbanë me çdo kusht. U jam shumë mirenjohese të gjithë atyre që na ndihmuan të qëndronim e të punonim në Itali. Me kalimin e viteve në këtë vend mik, ne ndihemi mire, si në shtepinë tonë, dhe e them me gjithë zemër që u jam mirenjohëse pa fund dhe i dua Italianët. Në Itali asnjëherë nuk jemi ndjerë të huaj, të persekutuar. Përkundrazi, jam ndjerë e nderuar, e vlerësuar dhe jo e trajtuar si e huaj.

Suela më pas konkuroi edhe në Sondrio, ku mori edhe atje një çmim, të dytin, dhe kjo na lehtësoi pak ekonomikisht. Pas disa muajsh ajo u paraqit në konkurs në konservator dhe u pranua.

Ndërkohe në Sondrio u miqësuam edhe me një prift, edhe ai mik i Bernardit. Ai na priti në stacion të trenit, në një nga udhëtimet tona, dhe jo vetëm që na sistemoi ku mund të jetonim për disa kohë, por organizoi edhe një koncert në kishë. Suela luajti bukur, ishte ende femijë, dhe fëmijet e talentuar që studiojnë shumë, jane të rrallë atje. Sepse falë mirëqënies ekonomike atje, fëmijët nuk duan të sakrifikojnë. Ndërsa këtu tek ne fëmijët studionin në shkolla pa xhama, në klasa pa ngrohje, me duar të enjtura e të skuqura nga të ftohtit, nga 6-7 orë në ditë. Kur mbaroi koncerti, Suela tha 'Dua tu them dy fjalë për Shqipërine tone.' Nuk e imagjinoja që ajo do të mund të fliste aq mirë italisht dhe me aq krenari për vendin. Foli thjeshtë për njerëzit e mrekullueshëm që kishte njohur, për dëshirën e tyre për të qëne të lirë e për të jetuar me dinjitet, për rregjimin që ndër vite kishte shkatërruar familje e jetë njerëzish, për sakrificat tona si popull. Më gufonte zemra pas çdo fjale të saj. Fëmijët rriten me orë dhe ne çuditemi nga forca e tyre, vullneti i tyre, enderrat e tyre që sot mund të bëhen realitet. Këtë forcë, jam e bindur për këtë që them, ta jep vetëm liria.

Për mua filloi një tjetër jetë. Jo e lehtë, sepse tashmë ne ishim dy gra që nuk dinim se ku do të flinim sot e çfarë do të hanin nesër, sepse vetëm me liri nuk mund të jetohet. Aq më pak, vetëm me ëndrra. Por unë isha gati të bëja çdo sakrifice e t'i gëzohesha kësaj pasigurie që na jepte liria, jo vetëm për vete e për Suelën, por edhe për gjithë familjen time. Suela hyri në konservator, në janar. Në qershor ajo luajti Sibeliusin me orkestrën e RAI-t dhe aty pashë sallën me 2000 vetë që e duartrokisnin. Ishte një gjë e bukur, prekëse.

Në konservator Suela u miqësua me një violiniste, e cila na u gjend shumë. Françeska quhet. Jo vetem ajo, por e gjithë familja e saj na përkrahu. Ajo na dha hua një violinë shumë të mirë dhe familja e saj më ndihmoi që pas një viti unë të filloja punë në një akademi, në Campo Basso, një qytet larg Milanos ku jetonim. Jepja mësim, si asistente e Gilles, Pavel Verkos dhe një tjeter pedagogu të njohur. Aty filloi jeta ime si pedagoge në violine, ate që e kisha ëndërruar me dekada dhe që nuk pata mundesi ta bëja sepse ma mohuan në vendlindjen time. Dhe të punosh në një akademi është përgjegjësi e madhe, kur formalisht unë vetë nuk kisha mbaruar shkollën e lartë. Mbështetur në punën time ndër vite, pata kurajo që të provoj e t'ia dal në krye, ndonese ajo ishte akademi pasuniversitare. Atje më duket se po realizoja çdo ditë, edhe njëherë, edhe më mirë, vetveten, duke i ndihmuar studentët që të përmiresonin anën profesionale e të shmangnin defekte, si të impostimit, të ritmit, të tingullit. Ishte punë e lodhëshme, larg familjes, larg Rrezit, 4-5 orë në ditë varavingo me trena, por ishte hera e parë në jetë që bëja pikërisht atë që doja, që i gëzohesha si fëmija frutit të punës sime, ndonëse studentët që mësoja nuk ishin aspak fëmijë.

Mbas afro dy vitesh fillova punë në një tjetër akademi që ishte afër Milanos dhe u mora me fëmijë të vegjël. Dhe mbi të gjitha fillova të studioj edhe vete violinë, shumë, shumë, shumë, sepse isha e bindur që vetëm puna, ditë me ditë, do të më nxirrte faqebardhë. Më duhet të them se tani nuk rri dot qoftë edhe një dite pa bërë mësim e pa studiuar violinë. Me duket vetja si një studente që çdo ditë rritet në profesion.

Greta

Që prej dhjetë vitesh kam një violinë shumë të mire. Një mik i Suelës, gjithmonë në kërkim të instrumentave të vjetër, na dha në përdorim një violinë të Giovanni Francesco Pressendas, i cili mendohet që ka studiuar shkollën kremoneze dhe njihet si një nga më mirët e shkollës torineze në fillim të shekullit të XVIII. Violina ime ka ngjyrë të kuqerremtë dhe të ben ta ndjesh ngjyrën e tingullit. Suela i ra e para kësaj violine dhe mendoi që ajo do të ishte e mirë për mua. Një artist e plasmon instrumentin e vet, domethënë secili nga ne le një shenjë në tavolinën harmonike. Edhe një këngë, një pjesë muzikore ka një kohe relative, mbas disa vitesh ajo sfumohet. Është artisti ai që i jep jete partiturës si dhe instrumentit, duke u veterealizuar në këtë proçes.

Çfare ja vlen të përmend është që prej me shumë se 10 vitesh kam punuar për të krijuar një klasë të mirë me violinistë. Fëmijët - studentë janë nga 6 deri në 35 vjeç. Ka fëmijë që i kam 'rritur' vetë, që kur kanë shkuar në konservator kanë marrë notën dhjetë. Të gjithë, pa përjashtim. Së bashku me Suelën krijuam edhe një grup violinash, një orkester mjaft të mire e të vleresuar. Kjo funksionin si shkolle private, dhe aty jap mësim. Me këtë grup të vogël, kemi dhënë koncertë së bashku me Suelën, për shembull, Bach me dy violina, Vivaldi për dy violina. Dalin shumë bukur. Më pëlqen shumë Bach-u, e dashuroj. Edhe Vivaldi më pëlqen shumë. Ndoshta këto koncerte nuk janë të jashtëzakonshme, por për mua janë ngjarje të rëndësishme. Për gjashtë vite Rrezi ka qënë këtu e unë në anën tjetër të Adriatikut. Rikthimi im te violina dhe edukimi i Suelës në Itali, kanë kërkuar angazhim e sakrifica. Tani unë kthehem gati çdo muaj këtu. Sepse këtu kam njerëzit e dashur, dhe unë e dua vendin tim, megjithëse në Itali ndihem e realizuar në profesionin e pasionin tim. E gjithë jeta ime mbetet e lidhur me studentët e me instrumentin.

Nuk shikoj mbrapa, me gjithë xhelozitë, mëritë, injorancën e inatin e atyre që tek unë shikonin 'armikun e klasës', të atyre që vërtetë më kanë dëmtuar. Nëse kam ndonjë pishman është që nuk u solla mirë me tim atë. Në shumë e shumë vite, shkova ta takoj vetëm një herë, në burg, sepse më dukej se tani që kisha krijuar familjen time duhet ta ruaja atë me çdo kusht nga honet e tmerrshme ku i hidhte njerëzit lufta e klasave. Edhe kur doli nga burgu, përsëri nuk ju afrova. Atë dite që doli nga burgu, i shikoja nga larg e pa nxjerrë zë të burgosurit e liruar që ecnin me një tjeter hap nga ne që jetonim demek të lirë, dhe fshihesha nga frika se mos më shikonte e ma bënte me dorë e të tjeret me njihnin se kush isha. Është shumë e dhimbshme, dhe njëkohesisht absurde. Më pas, kur babai më degjonte të luaja violine, qante. Ai kishte natyre artisti, kishte nënën austriake, fliste 7 gjuhë, mendoj që ishte i kulturuar, dhe për më tepër kishte patur së bashku me mamin një të kaluar të nderuar si antifashistë. Ç'të them. Shkoi me shërbim jashtë shtetit, u kap, u torturua, nuk rezistoi, por ama u kthye me këmbët e veta në Shqipëri, me bindjen se duhej të vdiste në atdhe.

Dhe kur erdhi ja vunë prangat sapo zbriti nga avioni e bëri një burg të gjatë. Me sa di, një here të vetme i tha mamit: më vjen shumë keq që Gretën e pengova të bëhej dikushi. Kur doli nga burgu, ai jetoi me mamin, me tim vëlla Malin e familjen e Malit, të gjithë në një dhome e kuzhinë 3 me 3.

Gjëja më e rëndësishme është mos e ulësh kokën e të mos dorëzohesh, pavarësisht se si vjen jeta. Kur dënuan tim atë, xhaxhain e çuan në internim, mamin e përjashtuan nga partia. Ajo ishte shumë e re, me tre femijë, por e fortë e kurajoze. Kurrë nuk e kam parë të gabonte nëna ime. Punonte me turne si infermiere, me dhëmbshuri për të sëmurët, në spital, në psikiatri, në pediatri, në ambulance, dhe ishte e zonja për të mbajtur edhe shtëpi. Na rriti të treve me sakrifica, por e gëzuar se u bëme të mire e të ndershëm. Në ato vite, ime më ka dhënë gjak me dhjetëra herë, në mos edhe me qindra herë, që të mund t'ia dilnim ekonomikisht.

Prindërit e mi u njohën në gjimnaz, përpara luftës, ajo 15 e ai 16 vjeç. Të dy dolën në mal si antifashistë. Një dashuri e madhe mes tyre e cila do ti rezistonte shumë sfidave. Ata ndenjën 15 vjet pa u parë, kur im atë ishte jashtë shtetit, pa asnjë letër këmbim, pa as edhe një lajm. Them që në familjen tonë, ku mbi të gjitha kishte shumë dashuri, ka patur një ndikim të madh shembulli e fjala e gjyshes, që siç thashë, ishte austriake. Ajo na ka ushqyer dashurinë për muziken klasike, kur dëgjonte Shubertin e Shtrausin, sepse kishte studjuar pianoforte, kishte studiuar edhe financë. Gjyshi ka qene i mirë dhe i butë. Kishte mbaruar ekonomikun atje në Austri, dhe atje si studente ishin njohur të dy. Ime gjyshe e konsideronte veten shqiptare. Çfarë kam mësuar prej tyre është të jem gjthmonë korrekte dhe të sillem mirë dhe me delikatesë.

Dua të jem ajo që jam. Sepse nuk më ka mbetur ndonjë pishman i madh. Ndoshta duhet ti kisha dhene pak me shumë kënaqësi tim eti. Motra dhe vëllai i kanë qëndruar më afër. Ndoshta isha më shumë se ç'duhet e tërhequr, në mos edhe frikacake. Ndoshta sepse ndihesha përgjegjëse për familjen time të re. Dhe im atë më justifikonte, duke e mirëkuptuar largësinë time, që nuk e quante kurrësesi ftohtësi, por nga ana tjetër ai e vuajti shumë.

Edhe sikur të mos ketë Zot, njeriu ka nevojë për një mbështetje shpirtërore. Dhe po të kem parasysh çfarë më ka ndodhur në jetë, disa ngjarje të veçanta më bëjnë të mendoj që ka Zot. Prandaj çdo përpjekje për të shkulur besimin në fe nuk ka sukses. Çdo njeri lind me fatin e vet. Për shembull, asnjëherë nuk e kam ndjerë veten të mbytur.

Gjithmonë kam menduar që duhet të përpiqem t'i jap drejtim jetës sime, se gjithnjë do të mund të gjej një shteg a një udhë ku do të mund të ec. Njerëzit që kam dashur i kam vlerësuar shumë, për të mos thënë edhe më shumë se veten. Nuk rrija me njerëz dosido. As me injorantë, as me llafazanë, as me keqbërës. Gjithmonë i jam larguar atyre që nuk doja ti kisha pranë. Shoqet e mia Lilianën, Mitën, Dhuratën i konsideroj si vetja ime dhe më janë gjetur në momentet më të vështira të jetës. Ki parasysh që dikur mua kishin frikë të më nxirrnin edhe në fotografi. Njëherë rregjisori I Shtëpisë së Kultures, në një nga festivalet e fëmijëve në Krujë më tha: 'Greta, duhet të qëndrosh atje mbrapa dhe jo këtu në avanskenë.' 'Po ku mbrapa? e pyeta. 'Ja aty pas veglave të frymës, se i pengon ato' - tha. 'Që kur ka dalë ky formacion orkestre që violina të dalë mbrapa?' - thashë e dëshpëruar. Më vjen turp jo për veten kur e kujtoj këtë episod, por për njerëzit mjeranë që duhet të vepronin kështu për të ruajtur vendin e punës, herë me servilizma e herë me sektarizma.

Tani, si dhe atëherë, pavaresisht se mosha bën të vetën, une nuk kam kohë as të fle. Nuk po bëj heroinën. Gati çdo dite kam mësim e më duhet të jem e përgatitur, prandaj përpiqem të ndjek edhe nëpërmjet Internetit çfare ndodh në fushën time, dua të them, nuk kam kohe për të humbur e për të harxhuar nëpër kafe. Ato pak miq që kam, i kam të saktë. Më pëlqen vetëm muzika klasike. Në Shqipëri kanë ndryshuar shumë gjëra. Janë të paktë ata që e duan muzikën klasike sot. Mendoj që orkestrat e muzikës moderne të kohës së shkuar ishin më të mira se orkestrat e ditëve të sotme. Sot ka shumë artistë, individë violinistë, pianistë, këngëtarë të mrekullueshem që e nderojnë veten dhe vendin jashtë duke u paraqitur shumë mirë në çdo skenë, në çdo mjedis. Vërtetë kishte shumë probleme në socializëm, por atëherë u krijua dhe një shkollë, një traditë, kurse tani më duket se nuk po ecet në drejtimin e duhur, flas në fushën e muzikës. Sado që e dua vendin tim, prapë ketu nuk më duket se po bëhen hapat e duhura. Kjo nuk ka të bëjë vetëm me fukarallëkun, por me diçka tjetër që nuk e përcaktoj dot, ndoshta në bazë është mungesa e ndryshimeve thelbësore, të prekshme dhe serioze, është prapambetja jonë e trashëguar.

Çfarë duhet të mësojnë të vegjëlit? Klara, mbesa ime shpesh dëgjon këngë që janë tepër ordinere, pa kulturë, pa shije. E pra, them që ne kemi këngë për fëmijë, me muzikë të thjeshtë, kemi ninulla të bukura, dhe ky edukim e shije për muziken duhet nxitur që në kopësht. Duke filluar nga Brams, nga plot gjëra të thjeshta. Mësimi dhe të shijuarit e muzikës klasike fillon me edukatorët e edukatoret, të cilët ka ardhur koha të mos merren nga rruga. Ne kemi shumë këngë të kompozitorëve tanë, të vogla, të thjeshta, që mund të këndohen e të luhen nga fëmijët. Kur edukon një femije që të luajë e të doje një instrument, je i ndërgjegjshëm që ndoshta ai nuk do të bëhet instrumentist, por çfarë do të marrë nga ky proçes është pasioni për muzikën,vetëkontrolli, disiplina

Greta

dhe impostimi. Një instrument si violina të jep po aq sa i ke dhënë, në mos më shumë. Aftësia jonë për të ndjerë muzikën e për t'u lidhur me të tjerët nëpërmjet muzikës është ajo çfarë mbetet. Sipas meje, është vetë jeta.

Blandi

*Është me fat ai njeri i cili e fiton bukën duke u marrë
me diçka që e ka pasion.*
Bernard Shaw

UNË NUK KAM VËLLA. NËSE *do të kisha pasur një vëlla ai do ti ngjante Bland Ashikut. E them këtë sepse mendoj se po të isha vetë djalë ka shumë mundësi që ti ngjaja Blandit. Në fund të fundit, ne përpiqemi t'i gjejmë miqtë si vetja, dhe, nëse dimë, edhe me të mirë se vetja.*

Blandin e njoh që katërmbëdhjetë vjeç. Ashtu si edhe unë, ai erdh nga provinca në shkollën e mesme të gjuhëve të huaja 'Asim Vokshi' në Tiranë për të studiuar anglisht. Ai nga Pogradeci, unë nga Kruja. Të dy nuk flisnim tironçe, dhe e kishim me të lehtë të shtonim në fund të fjalës apo fjalisë një 'ri' apo një 'de ... ce' siç flitet në Krujë dhe në Pogradec. Ditën e parë që erdh në shkollë Blandi kishte veshur një këmishë rozë me mëngë të gjata, të cilën nuk mund ta harroj, sepse ai e mbajti për disa vite. Gjithnjë të pastër e të hekurosur, aq sa gjyshja ime, ndjesë pastë, thoshte: më pëlqen ky djalë se është i bardhë si biluri dhe më shkelte syrin. Më duket që e dinte që ishte djali i Mario Ashikut, një artisti të njohur dhe pa diskutim ndër djemtë më të pashëm të Shqipërisë në vitet 50-60.

Jetonim në një lagje, në një rrugë dhe në ato vite kemi shëtitur së bashku nëpër Tiranë, lart e poshtë, e në çdo stinë pa u lodhur. Së bashku kemi lënë edhe ndonjë orë mësimi, kemi parë filma e dëgjuar muzikë, kemi shkëmbyer libra, kemi shkuar nëpër kafene, kemi folur për dashuritë e madhe (atëherë gjithçka ishte e madhe) dhe kemi bërë shumë budallaqe aq sa ç'mund të bënin të rinjte në ato vite. Falë kujdesit prindëror mbetëm në shina.

Dua të mendoj që nëse një dite për çfarëdo lloj arsye do të humb rrugën, miku im, kudo që të jetë, do të ngjitet në majë të kullës së tij imagjinare dhe do të ndezë një dritë e cila do të më drejtojë për në tokë. Për në port.

Ja biseda me të:

Nëse kthehemi në kohë dhe flasim për tridhjetë vjetë më parë, i bie që unë të kem qenë adoleshent. Synimi i regjimit të atëhershëm ishte që qytetarët e republikës sonë të ishin të gjithë të përgjithshëm, pa dallim gjinie dhe moshë, ndaj çdo fushë e jetës që projektuar nga partia bazuar mbi parimin e kallëpit. Çdo gjë, që nga shtëpite e lindjes, veshmbathjet e foshnjave, arkitektura e qyteteve, e banesave, shkollave, qëndrave të punës, uniforma shkollore, veshjet e punëtorëve, vendet e argëtimit, ambientet sportive, berberhanave të pakta, modeli i flokëve, mobiljet e zyrave, të shkollës, të banesave, ushqimi dhe sasia e ushqimit, marrëdhënjet mes njerëzve, dashuria, respekti për prindërit, urrejtja, divorci: pra çdo grimcë jete, të gjitha gjymtyrët, organet dhe shqisat e 'njeriut tonë të ri' ishin të programuara që të mbruheshin brenda kallëpit të njëjësimit. Kallëpi i njëjësimit, i projektuar deri në detajet më të imta me një fantazi aspak të përgjithshme, ishte një pajisje ku derdhej brumi njeri, nakatosej mirë e mirë me erëza parimore marksiste-leniniste dhe substanca ideologjike që e bënin rezistent ndaj ndikimeve të huaja dhe vegël të bindur të luftës së klasave. Më tej masa shtyhej nëpër tubacionet e edukimit të njeriut të ri, ku përpunohej dhe nga ku supozohej që të dilte në jete si të që një varg salçiçesh të nxjerra në seri nga një punishte sallamesh.

Njëra nga këto salçiçe duhet të isha dhe unë, por nuk doli krejtesisht ashtu siç ia kishte qejfi rregjimit. E them pa mburrje kete gje, madje me indiferencë. Është e vërtete që shteti e bënte punën e tij me shumë përkushtim e përgjegjësi dhe me rezultate të larta, megjithatë diçka ndryshe edhe ia dilte t'i shpëtonte kontrollit të stërholluar. Për shembull unë, gjë që vinte si rezultat i punës nën rrogozin e shtetit nga ana e prindërve dhe të afërmve të mi, të cilët qekur isha në moshë të vogël – na paralajmëronin që mos t'ia tregonim kurrkujt, asnjeriu çfarë bisedohej në shtëpi, t'u bëfte mami, dëgjo babin, se mos e flet me njeri, aman! – si të na kishin fshehur në një palë sekrete nën jakën e ndërgjegjes sonë një gjilpërë të hollë – të hollë, me një majë të mprehtë – të mprehtë e të padukshme. Me këtë gjilpërë, sa herë që nuk na shihte njeri, ne shponim cipën mbështjellëse të 'salçiçes' ku na kishin paketuar dhe perpiqeshim të shihnim botën me sy të lirë. Deri sa arritëm një farë moshe gjilpërën imagjinare e kishin vetëm të mëdhenjtë, megjithëse ne them se e kishim merituar që shumë herët.

Njeriu harroka shpejt, por kanë qenë kohë të veshtira dhe tejet të dhimbshme. Im atë e rrëfen shpesh bisedën që ka pasur një herë me time motër, dhe se sa i habitur dhe i pikëlluar kishte mbetur në atë rast. Kishte ardhur im gjysh Dr. Naim Vreto, i ati i sime mëje, të rrinte disa javë tek ne në Pogradec dhe ndërsa e shpinte Albën, motrën, në kopësht, babi e kishte porositur të mos përmendte kurrësesi çfarë flitej në shtëpi me shoqet dhe edukatoren. Ime motër, që duhet të kete qenë rreth katër vjeç në ate kohë, moshë e vogël për një reagim serioz, i ishte përgjigjur: 'Jo, mo babi, mos ki merak, e di unë, se të fut xhaxhi polici në burg.'

Kam lindur në Tiranë, ku bëra edhe dy vitet e para të shkollës. Me pas, rreth dy vjet pas Plenumit të katërt të KQ të partisë në pushtet, 1974, plenum që u muar demek me artin dhe kulturën në Shqipëri, një farë jehone e revolucionit kulturor kinez, tim atë e dërguan në Pogradec ku punoi mbi 11 vjet si regjisor i estradës amatore të qytetit. Deri asokohe ai kish qenë aktor në Teatrin Kombëtar dhe pedagog e shef i katedrës në degën e Dramës ne Institutin e Arteve, por më shumë njihej për rolet e tij në disa filma shumë të njohur të atyre viteve, aq shumë sa rrugëve kalimtarët babin e përshëndesnin me emrat e personazheve të filmave. Tani unë e di që ai as e kishte idenë se kush ishin të shumtet që e respektonin, anonimet, por nga fëmijëria kujtoj që kjo gjë më bënte krenar. Si dhe sot.

Ndoshta në fëmijëri s'e kuptoja se përse mund të isha krenar për tim atë, por kjo nuk më pengonte të kaloja një fëmijëri të ndryshme e të mrekullueshme falë profesionit të tij, të sime mëje, mjeke pediatre, dhe të gjyshërve të mi, njëri mjek i njohur veteriner, tjetri farmacist po ashtu me nam. Rrallëkush e ka pasur fatin të hyjë në ambientet e Kinostudios dhe ato të Teatrit Kombëtar si fëmijë, dhe më vonë, shumë më shpesh dhe më lirisht, në atë të Pallatit të Kulturës së qytetit të Pogradecit, ku ndodhej dhe salla e teatrit. Mbaj mend që ndërsa shumica e spektatorëve, - sa kujtime të bukura -, e shikonin shfaqjen nga salla, unë rrija prapa perdeve, shikoja se si ngrinte e ulte perdet punëtori i skenës, si pudroste aktoret e djersitura grimieri, e dija se Beu me mustaqe një pellembe dhe me automatik gjerman nuk ishte hiç be, por xhaxhi Pëllumbi, një shok i tim eti, i veshur me xhaketë meshini.

Ndërsa shumica e kalamajve vdisnin nga frika e doktorëve, unë hyja e dilja në poliklinikën ku punonte ime më si të që Parku i Lojrave i rrugës së Ebasanit. Sidomos pasi kisha ngrënë dy-tre herë në bark dhe ato, alamet shiringash, me të cilat bëhej injeksioni i antitetanozit, për mua poliklinika, me përparëset e infermjereve dhe ato shtretërit mbi të cilët vizitoheshin fëmijët, të mbuluara me cohë të bardhë deri pranë dyshemesë, që vendi më i mirë në bote për të luajtur kukamshefti – megjithëse kjo asnjëherë nuk më ka mbrojtur nga frika që kam nga dentistët.

Çdo fundjavë prindërit më shpinin nga prindërit e sime mëje, dhe nëse qëllonin dite vizitash të gjyshit në fshat ai më merrte pa një, pa dy me vete. Im gjysh ishte nga të rrallët njerëz që kishin motorcikël në atë kohë, ndërkohë që veturat personale nuk lejoheshin fare në Shqipëri deri në fund të viteve tetëdhjetë; vetura kishin vetëm 'të mëdhenjtë', udhëhëqësit e organeve të partisë, drejtuesit e lartë të administratës dhe një numër krejt i tkurrur profesionistësh. Ne fshat gjyshi vizitonte kafshën e sëmurë, ndërsa unë luaja me kalamajte aty rrotull dhe haja hide. Ose fiq. Ose ngacmoja macen e shtëpisë.

Gjysh Aureli, rrallë më merrte në punë, por na shëtiste shpesh, dhe ne drekë na vinte në gjumë duke na rrëfyer ndodhira me kaubojsa dhe indianë, të cilët i sajonte aty për aty. Më vonë jam munduar të marr shembull prej tij kur lindi ime motër dhe shumë më pas dhe me time bijë, por s'ma merr mendja se i jam afruar talentit të gjysh Aurelit.

Shkollën tetëvjeçare e përfundova në Pogradec, ku deri në vitet e fundit para se të iknim na quanin 'tiranakë,' kurse në Tiranë, sidomos vitet e para të shkolles se mesme, e ndjeja veten disi të huaj, nga provinca. Ishte një gjëndje, që tani më kujton fjalët e protagonistit në filmin e regjizorit Taso Bulmeti (Tassos Boulmetis), 'Kuzhina e Qytetit': 'Në Stamboll turqit na shikonin si grekër dhe na përzunë si grekë, kurse në Greqi, grekët na pritën si turq dhe na shikonin si turq.'

Shumëkush kishte pasur të njëjtin fat me tonin, i kishin transferuar, kjo që një gjë normale asokohe, dhe unë seriozisht e them përherë se kam kaluar një fëmijëri shumë të bukur në ate qytetth, por për prindërit e mi ka qenë pa me të voglin dyshim një jete e vështirë. Megjithëse ne ishim të vegjël e ndjenim se bënim një jete disi pezull, si në njëpritje të pafund, në perpjekje për t'u kthyer në Tiranë. Lutjet dhe refuzimet, premtimet, rrekjet dhe zhgënjimet shkonin e vinin. As prindërit vetë nuk ishin në dijeni, që tim atë e kishin larguar nga Tirana me shënimin 'pa të drejte kthimi'. Vetëm pas 11 vjetëve diçka ndodhi, ndoshta vërtet pati një zbutje të regjimit e shënimi disi u anashkalua, dhe babain e emëruan regjisor të teatrit 'Aleksandër Moisiu' në qytetin e Durrësit. Tashmë ndodheshim vetëm një orë e ca larg kryeqytetit, ku jetonin të gjithë të afërmit tanë.

Im vëlla dhe unë, ndërkohë, kishim disa vjet që vazhdonim shkollën në Tiranë, por çdo verë, me të mbaruar mesimet, ndërsa shokët e mi, nëse prindërit e tyre ia dilnin të gjenin ndonjë kabinë apo dhomë plazhi, do të kishin në rastin më të mirë të kalonin dy javë diku pranë detit, ne kishim nder vite dy muaj pushime përpara: plazh, rërë, peshkim, aventura. Deri dje- liqeni i Ohrit, tani - deti Adriatik. Shpesh herë e kam thënë, se ç'kishin bërë më shumë Tom Sojeri me

Hakëlberri Finin? Mund ta teproj një çikë më këtë, por vërtete nuk di se sa më shumë i përveçëm se kaq do të donte të ishte njëtjeter femije.

Kur ra Muri i Berlinit, dhe kur tenxherka jonë socialiste me presion shpërtheu, Bland 'salçiçja' mori rrugën për në kurbet ashtu si mijëra të rinj shqiptarë në ato vite. Përvoja yte si 'refugjat' filloi e mbaroi në Greqi.

Termin 'refugjat' e kam pasur zët që në ditët kur zunë ta përdornin rëndom për këdo që largohej nga Shqipëria për t'u vendosur në një shtet tjetër. Refugjate qenë vërtete ata që u larguan duke u kacavjerrë mureve të ambasadave apo hipur mbi anijet e tejmbushura. Pa diskutim kjo nuk më bën aspak më të mirë se të tjerët që u larguan fshehurazi, gjë që ëndërroja dhe unë ta bëja, por nuk ma mbante. U largova me vizë të rregullt dhe mendime tejet romantike: do të zija një punë, isha shumë i sigurte për këtë, me vete kisha dokumentat, diplomën dhe notat, çdo gjë të noterizuar. Dhe në fakt, po të kisha pasur kombësi tjetër, ose dokumente të rregullta, kjo nuk që e vështirë për një mësues anglishteje, qofte diku dhe në një shkollë private fshati, që të mos them edhe në Athinë. Ideja ishte që më tej do zija një apartament me qera dhe paskësaj, kur të kisha mundësi financiare, të filloja një shkollë arti, të studioja për pikturë. Ëndërra në diell, ishte plani im fillestar, që u bë pluhur e hi vetëm pas disa muajsh qendrimi ne vendin fqinj. Megjithatë, ato katër-pesë vjet në Greqi, që në nisje deri në kthim, qenë një dritare e madhe për mua. Greqia ishte ajo që duhet të kishte qenë Shqipëria, e po të jete Shqipëria sot siç që Greqia asokohe, oh, sa mirë do të ishte! Atje kam aplikuar për gjithfarë punësh, kam bërë çdo pune që më është dhënë mundësia të bëj. Jam i lumtur për këtë, por duke qenë i ri, shumë çaste të vështira padyshim i kallais e i zbukuron peneli romantik i aventurës: nuk është njësoj sikur të nisen katër familjarë për të jetuar e kërkuar punë në një ishull të panjohur, bie fjala, kur kanë më vete vetëm parate e rrugës, dhe katër njëzetvjeçarë 'ku-rafsha-mos-u-vrafsha'. Tani e kujtoj me nostalgji dhe dhembshuri javën e tmerrshme që kemi kaluar në Halkidiki, netët kur flinim katër vete ngucur në banjon e pashtruar të një shtëpie në ndërtim, ku kishim të ftohte sa s'rrëfehet.

E keqja e madhe e asaj periudhe që të jetuarit pa u legalizuar – shkak prej të cilës dhe e lamë në fund atë vend. Jam i bindur se ne shqiptarët vetëm kur të kemi ujë e drita, domethënë të jemi më në fund të larë e të ndriçuar në kuptimin më të gjere të kesaj fjale, që më kujton atë 'Pak dritë...' të Migjenit, si dhe me lirine e qarkullimit, që kemi me ne fund, mund të nisim të respektojmë në rradhë të parë veten, dhe kësisoj të mund të na respektojnë dhe të tjerët.

Le të kthehemi edhe njëherë prapa në kohë për të kuptuar se çfarë ndodhi kur mbaruam shkollën e lartë. E mban mend atë mbledhjen e organizatës së rinisë, të fundit fare, ku secili prej nesh dorëzohej si cjapi të kasapi duke pritur

se ku do të vendosnin ta çonin shokët?! Sot nëpër botë ka jo pak spektakle televizive të këtij lloji, ku grupi vendos se ku do të udhëtosh, si do të kalosh lumin, ku të zë nata, me ke të zë dhe çfarë kafshësh të egra do të takosh gjatë udhëtimit? Djem e vajza të reja, të nxirë nga dielli e të rrahur nga shiu e era përpiqen me mjete rrethanore (sa më pëlqen kjo shprehje) të mbijetojnë dhe, çuditërisht, në fund të çdo serie presin gjithë ankth se si do të vendosë grupi për ta! Do të vazhdojnë udhëtimin, apo do të skualifikohen? 'Ekspedita Robinson' apo 'Mbijetuesi' janë dy prej serialeve. Gjithçka e planfikuar për të vënë në provë individin e shkretë. E që të kthehemi tek ajo mbledhja jonë e fundit si studentë, a nuk i ngjante një episodi të 'Ekspeditës Robinson', një drame krejt të stisur, sepse vendimet në fakt nuk merreshin nga ne? Për pasojë, miqësitë studentore të ngritura në katër apo tete vjet shkolle viheshin në prove dhe sado që ta marrje lehtë-lehtë atë mbledhje, përseri uni, personaliteti yt, dhe miqësitë tona viheshin në provë, e pse jo, thyheshin nën peshën e zhgënjimit. Nga do të anonte peshorja? Në këto mbledhje, binin ne sy disa kandidatë të rinj partie që edhe kur rregjimi ishte në grahmat e fundit, ishte viti 1989, prapë lakmonin karriere, donin të strukeshin në rradhët e partisë, ngaqë kujtonin se prej aty mund të tregonin se sa të zotët, sa të drejtë, largpamës e me perspektivë do të ishin. Vajzat e fejuara martoheshin pa një pa dy, përpara përfundimit të fakultetit që të mund të mbeteshin në qytet, në Tiranë, në Shkodër apo në Korçë dhe kjo ishte arritje. Të fituara! Ndërsa ato të tjerat që kishin pasur mend vetëm për shkollë apo kishin bërë qejf pa hesap, zakonisht degdiseshin me votë të pergjithshme në fshat. Sigurisht edhe djemte që nuk i kishin krahet shumë shumë të ngrohtë, duhet të provonin se s'bën fshatin. Çështja ishte a të binte një fshat afër rrugës kryesore, apo ndonjë i humbur? Një eksperiment partiak ky, një meskinitet që duhet të thyente çdo lloj solidariteti studentor, kur studentët në fakt vetëm disa muaj më pas u bënë katalizatori i proçeseve transformuese në vend.

Posi jo! E kujtoj shpesh – pa diskutim kur kaloj përbri Gosës së vogël, zakonisht gjatë verës kur jemi rrugës për në jug me Linën dhe Majën. Kam mbi dhjete vjet që nuk rri dot pa thënë: 'Ja shkolla e babit!' Më bëhet qefi që ai fshatth i mjerë është kthyer sot në një qytezë me ndërtime normale, dyqane, me jete. Shpresoj të kenë ujë: mbaj mend që shpeshherë shkoja tek rradha e ujit për të marrë prej aty nxënësit që i shmangeshin orës së mësimit. Ishte një çezmë, që zgjaste qafën nga mesi i baltës, dhe pas saj një vargan me kova, lloj e lloj shishesh e bidonash, si një balonë e cila merrte fluturimin me të nisur currili i ujit të rridhte nga lëfyti metalik. 'Në mësim,' rrekesha të bëja të ashprin, dhe ua ngjeshja fëmijëve ndonjë shuplake pas qafe në raste ekstreme,- gabim i madh, kuptohet-, por po të mos mbushnin ujë druri që do të hanin në shtëpi që ku e ku me 'përkëdheljet' e mia.

Jeta e mësuesit të fshatit kishte shumë gjëra të bukura, dhe shumë trishtim, por kur mendoj se im vëlla ka punuar me vite në majë të malit, andej nga Peshkopia, them se isha me fat, që fshati im që vetëm nja dy orë larg Durrësit. Mezi prisja fundjavën dhe ditën e rroges. Fundjavën për t'ia mbathur në Tiranë, rrogën dihet se pse. Në muajt e parë rrogën e dorëzoja drejt e në shtëpi, mbaja vetëm një pjesë të vogël të saj, por shumë shpejt zija e kërkoja herë njëqind e herë pesëqind lekë, aq sa në fund më shumë u merrja se u lija prindërve. Mbas disa muajsh pune, ata as ma merrnin fare rrogën. Lëri aty- që një kutiçkë druri nga ato të Artistikes 'Migjeni' ne korridor - aty i ke. Kështu unë mund ta dija kur rroga kishte mbaruar, e mos ta qelbja fare. E kujt i dilnin parate asokohe? Të mite, mbaj mend, thuajse përherë me lekë borxh e mbyllnin pesëmbëdhjetëditëshin.

Duken si vogelsira, por plot me të tilla, rutinë e thellë, ishte jeta. Mbaj mend 'mëngjesin' që merrja me vete në punë, në fshat: dy rrofata buke të zezë, që tani ku ta gjesh, ishte bukë e vërtete të paktën, një rriskë të hollë djathi të bardhë, dhe dy-tre speca gogozhare të zjera nga ime më, ngjeshur në mes të bukës. Aroma e tyre që mjaft ndjellëse. Në zyrën e zysh Mozës, sekretares së rinisë, që më vonë u bë nëndrejtoreshë, kishim dhe një pllakë të gërryer me kanale kanale, ku futeshin spirale teli të trasha, nuk mbaj mend si i quanim, ah, po, rezistenca, që i përdornim rëndom për ngrohje, mbi të cilën vinim rrofatat e bukës për t'i thekur. Zyra e Mozës merrte një aromë të mrekullueshme. Moza bënte çaj, mua më kishte për zemër, më qeraste shpesh. Megjithëse që disa vjet më e madhe, unë e ngacmoja pa fre. Nxënësit na sillnin ndonjë litër qumësht, Fredi, mësuesi i fiskulturës, që qe specialist për romuze, asnjëherë nuk ma ka bërë qejfin prandaj më thoshte 'Sot e paske të mirë qumështin, s'ta paska shtuar me shurrë lope.' Akoma nuk e di nëse është e vërtetë, por mes ne mësuesve të fshatit qarkullonte kjo legjenda e shurrës së lopës, që ishte i vetmi përbërës që mund t'i shtohej qumështit të lopës dhe të mos e kuptoje që ta kishin holluar. Vetëm ndonjë shishe raki kam pranuar si dhuratë, nga ndonjë që me patjetër donte të mos mbetej në anglisht dhe në ushtarake, kurse sa për qumeshtin, me ose pa të tille 'makinacione' fshati, e kam paguar përherë. Në shtëpi kthehesha si hero, se po kontribuoja ne zgjidhjen e një problemi shqetesues, siç ishte sigurimi i ushqimit.

Moza ishte mjaft simpatike, me një hundë të drejte me majë, por me sa kuptonim ne, nuk kishte askënd, as burrë, as shok, as e fejuar nuk qe. 'Moza, meqe s'na bëre çaj, na bëj një kafe, ta kthejmë, ta lexoj tënden, se ke kohë pa e kthyer'. Ajo e dinte që unë ia fusja kot, por kafen e kthente. Herë ia lexoja unë, por shpesh vinte një grua fshati, falli i së cilës nuk përputhej kurrë me ato që broçkullisja unë: 'Kësaj jave në galerinë e arteve do takosh një piktor, që një dite do të bëhet i famshëm. Portreti yt, do të ta bëjë shumë shpejt pas këtij takimi, duhet ruajtur me njëmijë kyçe, sepse, ja e shikon këte katrorkën e vogël këtu ne qoshe të filxhanit, një ditc do të vendoset përbri Monalizës së Da Vinçit...'.'Durrësi nuk ka Galeri Artesh,' skuqej Moza. 'Ua, po ikim në Tiranë të shtunën, ti sikur ke hallën ke 'Myslym

Shyri..'.. Po u vonove, e do vonohesh patjetër se do të t'i marrë krejt mendte piktori misterioz i filxhanit, dhe s'e ka trenin e fundit', zgërdhihesha unë, 'flen nga ajo...'

Moza është një nga ata persona të rrallë, që unë i quaj shtylla të një shteti, persona të cilët, qofshin burokratë, qofshin ushtarakë a qofshin civilë, dhe në situatat më të vështira, kur jeta del krejt nga binarët dhe njerëzit nuk janë më qytetarë, por thjeshte qenjë njerëzore, e ruajnë dinjitetin e tyre, të profesionit të tyre dhe këtë ua kujtojnë edhe të tjerëve, qofte edhe në situatat më tragji-komike që kalonte vendi ynë atëherë.

Ishin vitet 90, kur shpeshherë kanë qënë duke na rrahur për vdekje të ashtuquajturit sampistë, të cilët hipnin në autobuzin e linjës dhe shkelmonin këdo, Moza këtyre xhahilave u nxorri thinjat kur deshën të më zbrisnin nga autobusi një herë pa asnjë shkak. Ashtu, duke u skuqur, se Moza skuqej si nga turpi dhe nga zemrimi, u foli sikur këta të ishin çamarrokë të klasës së peste fillore: 'Ai djalë është mësues në shkollës time! Keni të drejte vetëm dokumentat t'i kërkoni. Për sa kohë ai është në këtë autobuz, për të përgjigjem unë, drejtoresha e shkollës'.

Nëndrejtoresha, në fakt, por bravo që i shkoi në mendje. Ajo ish bërë flake nga turpi, si faqet e saja me push rinor, ngaqë e kish bërë veten drejtoreshë. Unë ngriva, s'kisha asnjë dokument me vete, vetëm një bllok ditar, plot me skica dhe ca nudo, dhe shënime, shumë prej tyre të dënueshme. E kam akoma atë bllok shënimesh.

Them se ai vit dhe përvoja e shkollës së fshatit që më shumë një mësim per mua në marrëdhenjet njerëzore, se sa në profesionin tim si mësues. Le që dhe unë, megjithëse nuk e kisha zët mësimdhënien, e ndjeja që në ate ndërtesë më shumë me kërcisnin dhëmbët nga të ftohtët se sa shkumësi në dërrasë të zezë. Po të mbyll sytë, dhe të shtrihem, ai vit mund të kthehet në një film të Miazakit, 'Shkolla fluturuese e Gosës së Vogël.' Ishte vërtete një vit si në ajër. Vete shteti që si në ajër. Prindërit qenë si në ajër. Shoqeria që si në ajër. Pak a shumë që sikur jetonim pa e ditur që bota qenkësh e rrumbullakët dhe shkonim e vinim nëpër punët tona, takoheshim, dashuronim, urrenim, por të gjitha këto i kryenim sikur të ishim duke u zhvendosur përdite e e se ku mund të rrokulliseshim s'e dinte askush. Të gjithë sa njihja, nëse i kujtoj tani, ishin në të njëjtën gjëndje. Kush kërkonte një vizë për Itali, kush priste të ndodhte një eksod i ri, të mblidhte guximin dhe t'ia mbathte dhe ai, kush blinte dollarë me kursimet e mjera që kishte e t'i ruante për ndonjë rast. Askush nuk që në këtë botë, të gjithë ishim gjysëm në ajër, si të ishim duke eksperimentuar me një aparat fluturues, që ja-ja, veç se kur t'ia gjenin anën dhe më në fund të ngriheshin lart.

Dhe vërtete shumë shpejt unë u nisa për në Greqi, shumë të tjerë për diku tjetër. Unë jam kthyer, jetoj më shumë në Shqipëri, së fundmi, por shpeshherë ndjenja e të qenit pezull më rikthehet, edhe pa pirë asnjë pike alkool.

Jeton gati gjysmën e vitit në Siberi. Të shkuarit atje sikur të shpëton nga pluhuri, nga vapa, nga marrëzia e rrëmuja e Tiranës, dhe të krijon largësine e nevojshme për të reflektuar për vendlindjen. Ja edhe tani që po flasim ti je atje larg, i izoluar nga dimri Siberian, por i rrethuar nga familja yte, nga Lina dhe Maja. Si ndihesh e si lidh këto dy botë?

Shpesh herë kur i afrohem dritares në Siberi, këtu në Novosibirsk, shkrep ndonjë foto të pejsazhit siberian me pisha të larta të drejta, çdo gjë mbuluar me dëborë për muaj të tërë, fqinjët e mbuluar kokë e këmbë me pallto të rënda e kapuçë, qentë pazot që rendin poshte e lart për të mos ngrirë së ftohti, pastaj ia nis motrës. Të shohë se ku jeton i vëllai, mendoj përherë. Ajo në darkë kur kthehet nga puna, vete patjetër lart nga prindërit, dhe ua tregon. 'Qyqja, qyqja, i shkreti i mamit,' sikur e dëgjoj time më që psherëtin. As i vete ndoshta ndërmend, se jo shumë kohë përpara, as një herë në muaj nuk merrte lajme nga unë, e unë nga ajo. Për herë të parë shkova në Novosibirsk, kryeqyteti i Siberisë dhe qyteti i sime shoqeje Linës, në vitin 1995. Durova vetëm tre javë, nga dy muaj që më lejonte viza. Bente acar, me dukej vetja si i internuar - ika nga syte kembet. Pas një viti, në shtator të vitit 1996, u riktheva, me vendimin për të qendruar dhe jetuar aty, meqenëse prisnim një fëmijë. Atëhere udhëtoja tre ditë, ndërroja tre a katër linja ajrore për të ardhur në Siberi, një nate flija herë në Beograd, herë në Sofje e herë në Moskë. Komunikimi me prindërit dhe miqte ishte shumë i vështirë. Komunikonim kryesisht me fakse, por gjithesesi rrallë.... Im gjysh duhet të kishte disa dite që na kish lënë, kur më erdhi faksi nga babai. Mbaj mend se sa u gëzova ate dite dhjetori, kur Lina më tha: ke një faks. U ula në kuzhinë, tërë qejf, por syte ma kapën lajmin e keq, qava. Gjyshi ishte tani shumë më larg se larg. Ishte ai faks që ma bëri për herë të parë kaq të qarte se sa larg isha.

Shikoj në facebook postimet e Pëllumb Kullës, e përdor mirë shpatën elektronike ai. të mite, a, ha, im ate shyqyr që më në fund vetëm para nja një viti pranoi të mbajë telefon celular. Mesazhe? As mos të te shkojë në mëndje. Skype, viber? N'cuk. Megjithëse fëmijët e tyre kanë disa telefona 'smart' dhe secili nga tre katër faqe online, përmes të cilave mund të lidhet brenda të qindtave të sekondës dhe me arijte polarë në Groenlandë, me të mitë komunikojmë vetëm me telefonin e dashur.

Sot ti je shqiptaro-rusi që drejton si 'restaurateur' krijues restoranteve Tex-Mex «Serendipity's Spaghetti Western» dhe «Serendeville». Si lidhen këto me njëra tjetrën?
Jam shumë i sigurtë që jam shumë shumë, tejet i mençur, por e pranoj që jam dhe krejt i përciptë, saqe nuk kam se si të mos ndjehem 100% shqipo. Ata që do t'ua mohojnë njërën prej këtyre karakteristikave, nuk

janë shqiptarë, pa diskutim.

Ndërsa rus ndjehem aq sa më lejon pasaporta dhe sa pije më mban konstrukti. Po mendoja sot, që në vitet 90-te kur erdha unë këtej, dhe këta ishin jo pak të çoroditur. E kishin të tërë mendjen ke rraqet e tyre, kap ndonjë punë, shit ndonjë gjë, nuk kishin nge për shovinizma e lojera patriotësh: qëllimi kryesor ishte të bënin shtëpi e prokopi. Tanimë çdo gjë me duket më ndryshe, udhëtojnë, bëjnë turizëm. Ka dhe disa shkrimtarë shumë të mirë bashkëkohorë me sens analitik dhe kritik, por me sa di nuk njihen në Shqipëri. Shkrimtarë si Tatiana Tolstoya, pasardhëse e Tolstoit të madh, nëse nuk gabohem, të cilën më shumë e ka lexuar im ate se sa unë, Viktor Pelevin, ose Evgjeni Grishkovez e Aleksei Slapovskij të cilët nuk janë përkthyer në viset tona.

Megjithëse tek ne dhe në këtë drejtim mbretëron përcipshmëria; akoma nuk janë botuar veprat madhore të Solzhenitsin, lërë pastaj këtë rininë letrare. Vë re, dhe kjo më bën shumë pak rus, që megjithëse kinematografia ruse dihet se ç'ka nxjerrë dhe sa ka dhënë në këtë drejtim, çuditërisht ka vite që ka shumë pak kinema të mirë, një dyzinë filma në dhjetëra vjet, megjithëse nga ana teknike janë tejet të përparuar. As muzikë të lehte të mirë nuk ka pothuajse fare. Siç duket, duke qenë se filmi dhe muzika janë të konceptuara për t'u konsumuar në çast, jo si letërsia, që mund të rrijë me vite në sirtar, autorët nuk kanë kohë dhe durim që t'i lenë veprat e tyre nëpër bobina, kështu që bëjnë ca kompromise që të bëjnë për të vjellë. Në të gjitha rastet, të paktën çfarë botohet dhe shfaqet nëpër ekrane ose skena, i shmanget politikës, të paktën asaj të brendshme. Kjo pjesë e krijimtarisë siç duket është bërë pre e sirtareve. Në këte pikë e ndjej veten keq si shqiptar dhe rus njëkohësisht, se tek ne dhe tek rusët nuk shkruhet muzikë e bukur bashkëkohore dhe nuk bëhen filma të mirë. Ne kuptohet që mbajmë kampion në të dy drejtimet.

E për zgjedhjen e kuzhines, them që meksikanë jemi po aq sa mund të jene meksikanet shqiptarë, gjithnjë duke folur për të ngrënët. Gatuajmë e hamë pak a shumë të njëjtat gjëra, dhe me të njëjtin pasion, përveç pikanteve, që ne nuk para i kemi shumë për shpirt.

Ne jemi ndryshe nga të tjerët, në përgjithësi, se ndonese jetojmë në qendër të Evropës jetojmë, por jetojmë si në mesjetë, nëse merren në konsiderate parametrat bazë të mirëqenies, e jo markat e birrave dhe bluxhinseve që përdoren - megjithëse dhe këto shumica janë fallco.

Kur të gjithë u përpoqën të shkonin në Perëndim, ti shtegtove në Lindje? A jeton aty ku do apo jo?
Jetoj pikërisht në vendin e fundit në listën e vendeve ku do të doja të jetoja. Në krye të listës me vendet ku do të doja të jetoja është vendi im i shkretë, por në të ka ujë e drita 24 orë. Kam shumë qejf të udhëtoj, por i urrej kufijtë. Kur kapërceva kufirin, me vizë të

rregullt herën e parë në jetë, më zbritën nga autobuzi sepse gjoja kisha vizë fallco. Ua mbusha mendjen disi, por, sic duket, më është bërë fobi. Besoj se do të kisha udhëtuar me gjithë qejf dhe në Perëndim, po të mos ishin rregullat shumë të bezdisshme për marrjen e vizës.

Çfare na bën europiane? A mos vallë mënyra se si na trajtojnë e na perceptojnë të tjerët?
Ne kemi lidhje të brishta me Evropën. Përderisa kërcënohemi përdite me rikthim regjimi vizash, kjo na bën që në mëngjes të na prishet gjaku. Në lidhje me Evropën, ne sikur jemi në një trup dy mendje, dy sjellje, sepse sapo kapërcejmë kufirin, bëhemi njerëz të tjerë, nuk pështyjmë më në tokë, nuk tymosim në ambiente publike, nuk kalojmë me semaforët me të kuqe. Sipas meje, jemi një popull që vdes për fantashkencë - tërë kinematografia, muzika, letërsia, legjislacionet, që nga romaket e deri të anglosaksonet, si një pafundësi elementësh që përbëjnë realitetin e njeriut jo-shqiptar janë tejet të huaja për ne. Më rastin më të mirë janë butafori.

Ne lexojmë libra për Francën, kur ndërkohë në shtëpi as ujë e as drita, rrasemi në një kafeteri ku është ngrohte dhe shikojmë nga ekrani: Marsin! Ndërkohë që disa shqiptarë më ëndërrues se ne kanë ngritur radiostacione dhe kafenera ku jeta duket si në Mars. Shikojmë se si Gjermanët bëjnë ski, dërgojnë dhe katër ambasadorë në Mars, të tre vijnë këmbëthyer, i katërti është top, sepse nuk vajti për të bërë ski, po për të pirë konjak pranë zjarrit bubulak në qendrën alpine. Vdes nga ciroza pas pesë vjetësh.

Ke përmendur disa nga pjesëtarët e familjes e je krenuar me to. A jane njerëzit e dashur personat më të rëndësishëm në jetën tënde?
Një herë, para disa vjetësh, duke ecur përgjatë shetitores 'Lazgush Poradeci', mbi digën e Liqenit Artificial në Tiranë, shikoj përballë meje dy zotërinj me pardesy si ato që ishin shumë në modë ndër funksionarët e larte të Partisë së Punës, që më vonë u bënë shumë në moshë dhe për ata të Partisë Demokratike, aq sa mbeti dhe si shprehje të quheshin dhe ata vetë ' Pardesytë e bardha'. Njëri prej tyre që pikërisht ish-sekretari i parë i PPSH dhe presidentii parë i periudhes se ndryshimeve, Ramiz Alia. Ecnin dhe bisedonin. Rrallëkush ua vinte veshin dhe them se askush, përvec meje, që isha dhe me aparat në dorë, nuk e dinte se cili që njëri prej tyre. Tjetrin as unë nuk e njihja. Shkrepa një foto, dy, që duhet të jenë diku ndër arkivat e mia.

E fotografova mbase nisur nga instinkti i fotografit të rrugës, ndoshta që të kapja një njeri të famshëm. Ja, ai, të cilin nuk arrita ta fotografoja mire aq sa t'i njihej fytyra, ka qenë një nga njerëzit më të rëndësishëm në jetën time. Padrejtësi e madhe, se në fakt duhet të kish qenë ndryshe: njerëzit më të rëndësishëm duhet të ishin prindërit, mësuesit tanë, fëmijët, shokët, miqtë, të dashurit tanë, dhe jo ai. Por sado lidhje e ndikim të kenë pasur prindërit e mi, gjyshërit dhe miqte gjithsesi në jetën tonë do të kishin fatin të mbeteshin vetëm njerëzit më të afërm, dhe aq, ndërsa të drejtën absolute për të qenë të rëndësishëm e kishin ekskluzivisht Ramiz Alia me shokë. Prej tyre varej gjithçka dhe akoma prej tyre varet. Këta ta dërgonin familjen diku, këta ta bënin babain drejtor estrade në provincë, këta të jepnin leje të vazhdoje shkollën, këta të caktonin vendin e punës, e të tjera. të tjerët, prindërit dhe gjyshërit ndërkohë, nuk ishin të rendësishëm: ata ishin shumë të afërt, shumë të dashur, por e vetmja gjë që mund të bënin ishte të na mësonin se si të përshtateshim me vullnetin e këtyre të rëndësishëmve, që mos e hanim ndonjë dite dhe ne siç e kish ngrënë gjyshja, gjyshi, tezja apo fqinji i katit të parë.

Është për të qeshur dhe për të qarë, im ate akoma dhe sot e kësaj dite - dhe im ate është njeriu që ndoshta ka ndikuar më shumë se kushdo tjetër tek unë gjate gjithë jetës - kur flet për dikë i cili ka pasur probleme në jete si rezultat i karakterit të tij, përdor përshkrimin: 'Nuk i rri atij goja pa folur, flet shumë.' Në të ri, më dukej përherë se ma thoshte mua këtë, e keqja është që dhe kur e thote tani, prapë ashtu më duket, dhe jam i bindur që kështu është, se dhe unë flas në fakt shumë, përherë. Është e vetmja gjë që kemi, i vetmi mjet. Lina me tha mbrëmë: 'Mamaja pyet, ç'thote Blandi për ngjarjet në Ukrainë? E ç'te thotë, i thashë. Thua ndonjë gjë ti?'

'Posi,' iu përgjigja, 'posi nuk thënkam, unë mendoj shumë për këte gjë, janë gjëra që papritmas mund të kenë efekt në jetët tona, ja si puna e heqjes së vizave, për shembull.'

Për më shumë, ne jemi dhe vend i vogël, dhe na bie për hise që njerëzit e rëndësishëm t'i kemi nëpër këmbë dhe t'i takojmë gjithë kohës. Në Rusi të paktën të gënjen mendja se bën jetën tënde, sepse nuk ka shanse të takosh në rrugë asnjë prej njerëzve të rëndësishëm, të mëdhenj, apo të vegjël. Ime shoqe nuk njeh askënd nga zyra e tatimeve, nga bashkia, nga sigurimet shoqerore, paguan taksat, bën punën e saj dhe kaq. Mbasdite në fitness, në darkë në kafene, të nesërmen në punë. Vjen dita e pagesave, mbush formularin, paguan tek sporteli dhe via, shikon punën e saj.

Kurse ne njerëzit e rëndësishëm dhe ata që u sherbejne, si dikur, ashtu edhe sot, nuk na ndahen. Sapo ke paguar dritat, vjen kontrolli, dy tipa të rëndomte me një dosje në dorë, ku është matësi, pyesin. Aty ku ka qenë, u përgjigjesh ti. Shiko, se keni 100 lekë debi, trashin fjalën dy tipat. S'ka mundësi u thua ti, ne s'kemi debira, jemi të rregullt. Shiko, se...

Le të kthehem këtu në Novosibirsk, ku gjendem aktualisht. Pikërisht dje kaluam me time shoqe me maqinë përmes sheshit Kalinin. Bëra nja dy foto me telefonin tim. 'Ee, po përse bën foto dhe këtu, çfarë të duhet?',pyet Lina, që shpeshherë më kujton se bëj foto vend e pavend. të drejte ka, bëj. Bëj shumë. Dhe i harroj më pas, si ato të Ramizit. 'Fotografova Librin,' i thashë. Libri është një godinë që të kujton një libër të hapur në sheshin Kalinin. Ky shesh nuk ka ndryshuar shumë që kur erdha ketu për herë të parë në 96-ën. Po ato ndërtesa, po ajo shëmti, në përgjithësi, megjithëse në krahasim me sheshin Uillson, atje në Tirane, është ku e ku. Në këtë shesh kam qënë atë pasmesnate kur lindi Maja, mu përballë këtij Librit kam qendruar me një shok për të festuar ngjarjen. Ishte -15 gradë jashtë dhe ne pinim birra 14 gradëshe'. Ja, ajo nate duhet të kishte qenë ngjarja më e rëndësishme e jetës sime. Dhe kur e mendoj, ka qenë shumë e rëndësishme: a ka gjë tjetër që mund të te nxjerrë në mes të natës në -20 gradë, nëpër lagjen e errët, të kërkosh taksi në një qytet ku nuk ka taksi, dhe të shkosh në supermarketin e vetëm në qytet për të blerë pampers për femijën tënd? Ose ardhja ime në Rusi, që patjetër më ndërroi jetën. Kisha një jete që lexoja për këte vend, dhe as ma kishte marrë ndonjëherë mendja se në moshën 28 vjeçare do të jetoja këtu, dhe jo vetëm do të jetoja, por dhe do të punoja, do merrja nënshtetësinë ruse, dhe do të kisha librezë pune e shëndetësore ruse. Ja këto duhet të ishin, njëra nga këto, ose, ose... të shkuarit në Greqi, në moshën 23 vjeç, patjetër kjo, se dhe ajo shkuarje jashtështetit ma ndërroi jetën dikur, pas 23 vitesh jetë mbyllur në të njëjtin vend, për më shumë vend i vogël socialist, vendi më i mbyllur në botë, del përtej kufirit, s'ta priste mendja kurrë që mund të ndodhte ndonjëherë.

Po të kishin qenë disa jetë, po, këto do të ishin ngjarjet më të rëndësishme, por 'jeta mbetet një, është po ajo që ishte, e cila vazhdon deri në vdekje, ndaj nuk mund të flasim për një jetë të re,' siç thoshte personazhi i një filmi që pamë mbrëmë. Dhe ngjarja më e rëndësishme nuk është jo ajo që thjeshte të ndërron rrjedhën e jetës, por ajo që të bën ta shikosh jetën drejt në sy dhe të thuash: ky jam unë, dhe ja cilët janë këta me të cilët jetoj.

Nuk e di sa të drejtë kam, por ngjarja më e rëndësishme e jetës sime ndodhi pa pjesëmarrjen time, ajo ndodhi mijëra kilometra larg. Them se të gjithëve kështu u ndodh, ne veçse mendojmë se ngjarjet e rëndësishme na ndodhin diku prane, ndërkohë që ato, vërtete të rëndësishmet, ndodhin gjetkë, dhe tek ne mbërrin vetëm vala goditëse. Kështu kish ndodhur dhe në fund të viteve 80-të, kur jeta jonë ndërroi, sepse Lindja nisi të zgjohej...

Ndoshta sa më i ndërgjegjshëm të jetë njeriu për faktin se sa arbitrarisht i vuloset fati, aq më e dhimbshme bëhet. Të pasurit e një doze të shëndetshme humori dhe aftësia për të bërë të gjithën disi relative të shpëtojnë. A nuk është gjithë përpjekja për të qënë i lirë një përpjekje për t'i ikur fatit? A mendon vërtetë që është më mirë të jetosh intensivisht sesa

të përshkruash e të dokumentosh? Sepse përshkrimi apo dokumentimi vërtetë mbetet, po ka diçka të ngurtë, të pajetë. Në fëmijëri them se kam pasur më shumë pasione, tani sikur jemi tharë një çikë. Kur isha i vogël kam qenë i çmendur pas gjahut, deri në universitet mund të më gjeje një palë llastiqe në çantë. Tërë jetën më ka pëlqyer arti. Jam marrë që i vogël me pikturë, më vonë, megjithëse nuk kisha ndonjë vesh për muzikë, jam rrekur për shumë kohë të mësoj t'i bie harmonikës së gojës, dhe tanimë dy tre melodi i nxjerr. Që i vogël kam dashuruar shumë letërsinë dhe kinematografinë, mbaj mend që kam qenë ndonja 13 vjeç kur nisa të shkruaja një roman në frymën e 'Djemve të Rrugës Pal' të Ferenc Molnarit dhe 'Një general kapet rob' të Skënder Haskos. E lashë që në fillim ate libër, si tani më kujtohet, nuk mund të zgjidhja gjuhësisht një moment kur një nga fëmijët protagonist turrej jashtë një barake ku mbanin sekretet dhe armët dhe përplasej në prag me dikë që hynte. Diçka e tillë. E rrotullova e rrotullova ate incident, dhe e lashë fare pastaj, duke mos i gjetur gjuhën e përshtatshme. Besoj se s'kam pasur histori për të treguar, prandaj per disa kohë mbeta i ngrirë në pragun e asaj dere...

Më vonë pasioni më i forte ka qenë vizatimi dhe piktura, rrethi shoqeror ishte përherë i saturuar me shokë e biseda që kishin të bënin me artin dhe pikturën, shokët më të ngushte i kisha që merreshin ose me pikturë, ose me letërsi në kohën e lirë, disa prej tyre dhe studionin në lice, ose në akademi.

Në shtëpi çmendeshim pas filmave, shkoja shpesh në teatër, jo vetëm gjate shfaqjeve të tim eti, por shumë shpesh asistoja në prova, aq sa më lejonte. U rritëm me këtë frymë, aq sa mbaj mend që kur kam qënë mësues, përherë mundohesha që orët e mësimit t'i organizoja paksa si shfaqje të vogla, pa perde e skenë, kuptohet.

Pak a shumë këto pasione më kanë ndjekur tërë jetën, megjithëse me pikturë jam marrë shumë më pak që kur mora në dorë aparatin fotografik. E nisa me një gjysëm automatik në Greqi, foto turisti, më vonë bleva një Zenith, shumë të mirë, e më tej kam pasur disa aparate dixhitale, vazhdoj të kem dhe ta mbaj thuajse përherë me vete ditët e pushimit kamerën time Canon. Më me qejf kam fotografinë e rrugës, të kap çaste poshte e lart, kudo që vete fotografoj, njerëzit, portretet dhe veprimet e tyre më pëlqejnë shumë, nuk kam qejf fotot me pozime të qellimshme. Ndoshta më ka mbetur nga ajo që thoshte im gjysh Aureli, babai i tim eti, që 'fotot më të bukura janë ato të shkrepura pa mendje.' E kam dëgjuar këte që në fëmijëri dhe vërtetë, u bëj shumë foto të tjerëve pikërisht pa mendje.

Më pëlqen shumë të shkruaj, por, si me rastin e romanit tim të parë, përveç disa përrallave dhe tregimeve, s'kam përfunduar asnjë nga librat e nisur, megjithëse disa prej tyre fillojnë bukur dhe besoj se kanë subjekte të rëndësishme dhe mjaft interesante. E kam zakon, i le përgjysëm, më vjen shumë keq për këtë, me thënë të drejtën, shumë keq, sepse më pëlqen shumë arti i fjalës së shkruar. Një ëndërr tjetër është të bëj një film, edhe skenarin edhe regjinë. Kam disa skenare në mëndje, njërin do ta përfundoj pa tjetër.

Pastaj ëndërra më e madhe është ndërtimi i një pike agroturizmi, një fshat i vogël diku në jugun tonë të mrekullueshëm, për të cilin të kujdesem me një grup miqsh të ngushtë.

Quo vadis.
Dhe thuajse përdite ia bëjmë këtë pyetje njëri-tjetrit brenda rrethit tonë: ore, ku vemi?!

-Me apo pa ujë, me apo pa drita, me apo pa hekurudha?

-Ti që sa erdhe nga Amerika, si qe andej?

-Tjetër jetë andej, këto hallet tona jane të paimagjinueshme. Shumë energjikë. Energji e madhe - dhe përkushtim. Në aeroport sa të sjellshëm punonjësit, çdo gjë me buzeqeshje, të trajnuar mirë, s'e di, por çdo gjë me buzëqeshje, edhe e futmja me buzëqeshje. Puna punë, gym-i -gym, gota verës ne darke.

- Epo nuk kanë këtë jetën tonë ata, jo, gjithë ditën në pune, s'bojnë kësi pushimesh si ne ata!

- Aaa, ne kështu personalisht kemi energji të paparë, vazhdon 'amerikani', por s'kemi infrastrukture, s'kemi sistem, se personalisht nuk na e ha qeni shkopin, dimë të jetojmë mirë ne. Dimë të bëjmë biznes, dimë të pushojmë...

- Ne në fakt jemi gjithë kohës pushim. Vjen tjetri. Hë

mo, ti që erdhe nga Rusia?

- Aaa, tjetër bote atje, ngjajnë shumë me ne në ca gjera, por fundja andej ka rregulla. Puna punë, rroga rrogë, vodka vodkë, turizmi turizëm, Hajduti hajdut, polici polic, rregulli rregull, gjoba gjobë, me tjerat, ato të thellat merret shteti. Këtu ne kemi dhe këte hall të madh: duhet të merremi përdite dhe me të thellat e shtetit. Prapë e hamë ne, përfundimisht, ngado e sido që ta shohësh.

- Atehere, po ku po vemi o çuna? Do jemi këtu e pas dhjetë-njezet vjetesh, do të mblidhemi përseri këtu tek vendi ynë, një restorant i vogel simpatik ku rrimë darkave, apo do komunikojmë vetëm me whatsappera e vibera?

Ka shumë mundësi që të mos jemi më, them se shumë pak vetë do kenë mbetur këtu. Durimit i vjen fundi, ikin e vijnë po të njëjtët 'lidera', bëhen rrokada, mblidhen komisione për të reformuar sistemin e drejtësisë, për të ndryshuar kushtetuten, por janë po ata njerëz, po ata veteranë të amullise e kaosit insitucional dhe administrativ.

Natyrshëm lind pyetja: ç'ne ky entuziazëm kësaj rradhe për ndryshimet që gjoja do të bëhen në sistem, por që në rastin më të mirë jane thjështë një kozmetike e lirë, por e paguar shtrenjtë? Ç'ne gjithë këta njerëz me mend po u entuziazmokan kaq shumë nga projektligjet e reja që bëhen nga të njëjtët pesë-gjashtë ekspertë që kanë tre dekada që thonë të njëjtat fjalime e bëjnë të njëjtat premtime? Pse nuk i kanë bërë keto ndryshime në këto njëzet e ca vjet, pse nuk i bënë para pesë vjetesh, pse nuk i bënë para dy vjetesh, pse nuk i bënë dje???!!!

Po ku do të vemi atehere? Askund, them unë. Shumica e të mirëve do largohen pak nga pak, do mbeten batakçinjtë dhe të pamundurit fare. Sepse nëse këtu nuk bëhen ndryshime në sistem, ndryshime rrënjësore, efekti i të cilave të mbartet në dhjetëvjeçarët e ardhshem, të tëra shtrëngimet dhe disiplinimi me force vullnetare që po bëhet në disa drejtime, si psh. në pagesën e energjise, ujit etj, që trumbetohen si gozhdë themelore në forcimin e shinave të shtetit, këto gozhde pra të ngulura me rreptësi dhe energji do të lirohen e do të dalin vendi sapo të vijë në fuqi një parti tjetër.

Kjo do të ndodhë sepse këto 'aksione' nuk i bën shteti, por funksionarë të tij, jo sistemi, por dy tre butona, të cilët pushteti i nesërm i thyen dhe i nxjerr jashtë funksioni me një përjashtim nga puna të personave që shtypin butonat. Nëse nuk do të ketë ndryshime sistemike, çdo përmirësim i bërë në këto vitet e fundit do të davariten që në muajt e pare të ndryshimit të pushtetit. Po nuk u bënë ndryshime sistemike, efekti I të cilave mandej të mbartej per shumë legjislacione, nuk jemi gjekundi. Ndryshimet në sistem kerkojne shumica parlamentare, që janë shumë të veshtira të krijohen. Ky legjislacion e ka këtë shumicë dhe nëse vërtetë do të donte, mund të bënte ndryshime themelore. Kjo nuk ka asgjë të përbashkët me ndërrimin e personelit, të policëve që ikin e vijnë dhe kështu ndodh në çdo sektor.

Ndaj mendoj, që vetëm një futje e jona në Bashkimin Europian mund të sillte një ndryshim të vërtetë, sepse ne jemi një vend ku ndryshimet vijnë vetëm me urdhër nga lart. Por sado që është krijuar ideja se pushteti i sotëm gjakon keqas për në Europe, e vërteta mbetet se ne vetë nuk po bëjmë asnjë ndryshim, por po mësojmë nga Europa e nga ata që u futën me ngut se si të ndryshojmë rregullat e lojës: na pranoni një herë, pa dimë ne pastaj si nusërojmë. Pak a shumë rrekemi të përsërisim fatin e madh të praninit në NATO - por kësaj rradhe, në këtë fushë, s'ma merr mendja se do bëjmë dot gol.

Iris

Përtej idesë të të bërit mirë apo keq është një fushë.
Atje takohemi.
Rumi, shek XIII

ME IRISIN U NJOHA PREJ *punës me mediat, pas vitit të mbrapshtë 1997. Çfarë më bëri përshtypje në ligështinë e rrëmujën e atyre kohëve, ishte fakti që ajo dhe Ennoja, miku i saj dhe themeluesi i radios së parë private në Tiranë 'Radio Ime', rrezatonin optimizëm. Dhe sot e kësaj dite sa herë takohem e kaloj disa ore të mira me ta, marr me shumicë dashamirësi dhe pozitivitet.*

Ndoshta ka shumë gjëra që unë nuk arrij t'i kuptoj, t'i ndjej, apo t'i ndaj me mikeshën time të re. Përse të re? Cilët miq mund t'i cilësoj si miq të vjetër? A thua njerëzit që i kam njohur vitet e fundit, në Holandë nuk mund të njësohen me miqtë 'e vjetër'? A thua vetëm ata me të cilët mund të ndaj deri në detaje gjithçka nga e kaluara, ata me të cilët nuk ka nevojë të sqaroj asgjë nga faqet e diktaturës apo fillimit të tranzicionit në Shqipëri mund të cilësohen 'të vjetër'? Jo, Irisi është vetëm 5 vjet më e vogël se unë, por mendoj se përjetimet e fundit të diktatures, fillimet e tranzicionit apo viti i mbrapshte 1997 janë përjetime krejt personale. Ajo këto njëzet vitet e fundit i ka përjetuar ashtu si mund ta perjetojnë të rinjtë luftën, të cilët sa janë guximtare aq janë edhe të etur për të mbijetuar, e në emer të jetës veç luftojnë. Pa vënë në dyshim kuptimin e ekzistencës, kur shikonin se si shpërbëhej e si binte shteti, se si shkeleshin normat elementare në marredhëniet mes njerëzve, se si zveniteshin vlerat dhe fitonte çmenduria kolektive, Irisi dhe Ennoja nuk e humbën për asnjë çast nordin. Ata janë miqtë e mi të rinj, në shpirt e në veprim. Janë dhe mbeten të rinj falë optimizmit të veçantë, dëshirës së tyre të jashtëzakonshme që mes të kaosit, mungesës së infrastrukturës, ligjit dhe rregullit, të punojnë pa rreshtur e pa u ankuar për të ndërtuar folenë e tyre, familjen e tyre të ngrohtë, duke kontribuar në drejtpeshimin e shoqërisë.

Sa herë që gjendem në Tirane, krahas gëzimit të natyrshem që ta fal vendlindja, por fatkeqësisht edhe e lodhur me historite që nuk shkojnë, histori me korrupsion, me trafikim, me fallsifikim, me burokraci, me tradhëti e vrasje, krim të pandëshkuar e jo pak të pafajshëm të vrarë, me vrasës që ikin shpesh 'në drejtim të paditur', apo qoftë thjesht me një ndjenjë të papërcaktuar mbijetese të detyruar, dua, e kam të domosdoshme, të takoj dy miqte e mi të cilët janë mikpritës, të gjindur, të papërtuar e mbi të gjitha arrijnë të funksiojnë normalisht në një realitet jonormal e jo rrallë herë absurd.

Si ja bëjnë për të arritur të jetojnë, të gëzojnë e jo vetëm të mbijetojnë? Ku e gjejnë paqen e frymëzimin për të krijuar një oaz normaliteti shpesh në mes të një deti të trazuar, ku mungon logjika e drejtpeshimit në politikë dhe solidariteti social aq i nevojshëm për një shoqëri që tashmë ka një çerek shekulli që ka dalë nga diktatura? Sa e rëndësishme është për ta familja, kufijtë, feja, paraja, lëvizja? Sa u ngjyrosen ditët, e sotmja dhe e ardhmja nga e pergjithshmja? Sa dhe si e duan Shqipërinë?

Në shtëpine e tyre kanë mbledhur pajisje kuzhine nga gjithe bota, sepse të dyve aq sa u pëlqen të udhëtojnë, po aq e në mos më shumë u pëlqen të gatuajnë e të ushqehen shumë mirë. Në atë hapësire, të mobiluar thjesht e bukur, mikesha ime, Irisi, kjo grua bjonde me zërin pipëz që përpiqet të dominojë ekranet e televizioneve me opinionet e saj per problemet e ndryshme të shoqerisë shqiptare, zbutet, shtrohet e kthehet në një amvise të mrekullueshme e nënë të mirë, e kujdesshme për çdo imtesi. Kurse Enno të qeshurën e ka gjithnjë në buzë. Të dy në harmoni, me përparëse e me mengë të përveshura, krijojnë së bashku receta të mrekullueshme. Ajo çfare do të lexoni është fryt i një bisede në tavolinën e bukës së familjes Alimerko-Luarasi, një ditë pushimi, midis dy udhëtimeve jashtë shtetit të Irisit:

Jam lindur dhe rritur në periudhën e komunizmit. Me një ndjenjë të papërcaktuar, a me mirë të them me njëlloj keqardhjeje me duket se pjesërisht jam produkt i i asaj kohe, me fletë lavderimesh, konspekte, lexim të detyruar gazetash në klasë, mësim filozofie markiste-leniniste dhe të gjitha këto kanë lënë gjurmë si te shumë versnikë të mi. Por këto gjurmw është vështirë t'i dallosh vetë, dikush nga jashtë mund të më ndihmojë për të dëshmuar ndikimin e sistemit të shkuar. Jam e sigurt që brezi im ka në nëndërgjegje diçka nga ajo kohë. Sidoqoftë falë të qënit shumë të rinj, ne kishim kohë për të ndryshuar, dhe për mua ajo periudhë tashme është e kaluar. Ndërsa për brezat e vjetër që kaluan shumicën e jetës në komunizëm, ai sistem i ka formuar dhe ka lënë gjurmë edhe më të thella. Brezi i vjetër e ka të veshtire të përshtatet me ndryshimet e të ashtuquajturit 'tranzicion', të zgjatur si tërkuzë. Tranzicion për ku? Sepse më ngjan me legjenden e pritjes së Penelopës. Tranzicioni për prindërit e mi filloi veçanërisht dhimbshëm. Im atë ishte ushtarak, shumë energjik, por ju desh të lirohet apo me sakte e liruan nga ushtria në 1992. Gjithë familja duhej të mbahej nga rroga e sime meje. Dy prindër, tre femijë që duhet të rriteshin me shumë pak të ardhura.

Fillova fakultetin për gjuhë-letërsi dhe në vitin e parë dola me të gjitha dhjeta. Për herë të parë, atë vit u vu një rregull që studentët me gjithë notat dhjeta të merrnin bursë, që pak a shumë ishte baraz me një rrogë modeste. Edhe ime motër, Keti, filloi të punote gjatë kohës që ndiqte shkollen e mesme. Në vitin e parë të fakultetit fillova të shkoj të Radio Tirana. Ndihmoja në bërjen e emisioneve aty. Honararet e vogla të Radio Tiranës i blija libra. Ajo ishte periudha e blerjes së librave që deri në atë kohë kishin qenë të ndaluar e që po botoheshin një e nga një: që nga Frojdi e deri të Dreiser e Stendal, për të mos permendur plot të tjere, të cilëve ndonëse ishin të famshëm e të magjishem në artin e tyre as emrat nuk ua kishim degjuar edhe pse në kohën e gjimnazit kisha lexuar shumë nga ato që quheshin 'libra të ndaluar'. Kisha berë një marreveshje me një librashitëse që mi ruante librat derisa kisha mundesi ta paguaja dhe kështu shpenzoja paratë e honorareve. Sot shoh se një pjesë e madhe e brezit të ri shpenzon shumë për veshje. Sigurisht që me këtë nuk dua të them se nuk më pëlqenin veshtjet e bukura, por duke qënë se atëhere studioja gjuhë- letërsi, për mua ajo kohë ishte koha e artë e blerjes dhe leximit të librit. Mendoj se në ato vite njerëzit lexonin shumë më tepër se tani, dhe shkembenin libra, ide, mendime sidomos për gjithçka që më parë kishte qënë e ndaluar.

Puna nuk më është ndarë që 18 vjeç. Kam 25 vjet që punoj. Në 1991 fillova të bashkëpunoj me Arjan Dodbibën, ndjesë paste se ka ndërruar jetë, për emisionin 'Revista letrare artistike' në Radio. Më pas u mora me emisionet e mëngjesit, të cilat ishin emisionet e para direkt në Radio e aty njoha edhe Ennon. Që nga viti 1991 deri në vitin 1995 kam përgatitur emisionet e mëngjesit. Në ato vite Radio Tirana ishte e vetmja në Shqipëri dhe megjithëse vajze e re, ndihesha shumë e rëndësishme.

Gjatë viteve 93 – 94 menduam me Ennon, që punonte siç thashë në Radio Tirana, të bënim diçka me të veçante se një emision mëngjesi dhe iu përkushtuam një cikli emisionesh për drogen, SIDA-n, dhe dhunën seksuale. Atëhere këto ishin tema tabu e shumica e njerezve nuk dinte se çfare ishte SIDA. U morëm shumë me gjithë aspektet e dhunës dhe të përdhunimeve. Përgatitem 6 orë emision në 6 seri per të cilin punuam një vit. Arritëm të intervestonim një djale që ishte pozitiv me virusin HIV. Intervistuam edhe mjekun e tij dhe mbaj mend që emisioni u cilësua si befasues. Ishte një nga ato emisione që po të filloje ta degjoje nuk mund të shkëputeshe për shkak të intensitetit e lidhjes së intervistave me njëra tjetren, që shpesh sillnin fakte befasues e kundërshtues me njëri tjetrin. Në ato kohë njerezit nuk kishin makina si sot, ata radion e dëgjonin në shtepi dhe nuk kishin shumë aktivitete të tjera për të kaluar kohen. Mendoj që ishim këmbëngulës për të gjetur atë djale me virusin HIV, i cili donte të ndante me ne historinë e tij, sepse është i njohur mentaliteti i kohës, kur sëmundjet a dramat përgjithësisht mbaheshin të kyçura brenda kater mureve të shtëpisë. Në atë periudhë në Shqipëri kishte zyrtarisht vetëm 11 vetë të regjistruar me virus, tregues krejt i pabesueshëm po të kesh parasysh që hapja e vendit ishte realizuar pa asnjë rregull, prandaj kjo gjë natyrshëm tregonte për nivelin e pakët të informacionit, madje edhe të vetë stafit mjekësor. Personazhi ynë R. ishte me shkollë të lartë dhe shumë i hapur për të ndarë atë që po i ndodhte. Ka qenë ndoshta nga intervistat më të mira që kemi realizuar. Pas disa kohësh ai ndërroi jetë. Dy të tjerë me HIV ende nuk e kuptonin se çfarë po u ndodhte e në përpjekje për të mos pranuar realitetin, si kundërpërgjigje u përpoqen të krijonin familje sapo morën vesh që ishin të sëmurë. Ndërsa në lidhje me atë pjesë të emisionit që kishte lidhje me dhunën seksuale, mbaj mend që kemi intervistuar një vajzë të përdhunuar nga pesë burra dhe gjatë një vizite në një nga burgjet, për shkak të surprizave që të bën jeta, qëlloi e intervistuam edhe një prej përdhunuesve të saj. Për këtë serial programesh në 1995 morëm një çmim nga Qendra e Medias e Fondacionit SOROS për emisionin më të mire në radio për atë vit.

Një çmim të tillë bashkë me Ennon e morëm edhe në vitin 1999. Në atë kohë, janë muajt e papërsëritshëm të luftës në Kosovë, drejtoja një program kushtuar vëllezërve kosovarë që kishin ardhur në Shqipëri dhe familjeve pritëse shqiptare si dhe kosovarëve të tjere që ndodheshin nëpër botë e kishin humbur lidhjet me të afermit e tyre. Drejtoja një skuader gazetarësh profesioniste dhe puna jonë vëzhgohej nga dy konsulente, njëri vinte nga BBC-ja e një tjetër nga radio publike amerikane. Programi konsistonte në 10 minuta lajme e 20 minuta 'magazine'. Ai titullohej 'Në emër të humanizmit' dhe transmetohej në Radio Tirana në programin e parë dhe në programin satelitor. Ki parasysh që në ato vite Radioja ishte një mjet i pazëvendësueshëm informimi e komunikimi dhe dëgjohej masivisht.

Po kujtoj këtu që në 1995 më pushuan nga puna në Radio Tirana. Përse? Sapo kishim filluar të pregatisnim një emision të ri të mëngjesit me pasqyrën e shtypit të ditës. Duke mos pasur asnjë buxhet në dispozicion nga

Bisedë me dhjetë miq

institucioni, shkuam bashkë me Ennon e biseduam me të gjitha redaksitë e gazetave të kohës, që të na i sillnin në radio gazetat falas. Lorenc Ligori, Edi Paloka, Armand Shkullaku, Luan Rama e kryeredaktorë të tjerë të gazetave të asaj kohe që të gjithë rane dakort dhe na i sillnin gazetat falas në redaksi dy herë në javë. Pasqyra e shtypit ishte një risi në program. Mirëpo shumë prej këtyre mediave shkruanin e kritikonin ashpër politikanët në pushtet dhe pasqyrimi i shtypit opozitar nuk mund të pranohej në një institucion, që edhe pse formalisht kishte ndërruar statusin e quhej publik, sillej krejt si një organ shtetëror në shërbim të qeverisë së rradhes. Mbaj mend se më thirri në zyrë nëndrejtoresha e përgjithshme e më tha se emisionin mund ta vazhdoja vetëm nëse hiqja nga leximi i shtypit gazetën 'Koha Jonë' e 'Zëri i Popullit'. Sigurisht që nuk pranova e me naivitetin e një 23 vjeçareje u mundova t'i shpjegoj asaj kreditet që merrte stacioni për shkak të transmetimit të programeve sa me të pavarura. Në transmetimin e rradhës, mbaj mend që lexova një titull të gazetës 'Koha jone' ku sulmohej presidenti në detyre në ato vite, dhe kjo mjaftoi që emisioni të cilësohej si i 'dobët' dhe unë humba vendin e punës. Mu duk si fundi i botës. Shkollën e kisha mbaruar me rezultate të shkëlqyera, me medalje, dhe nuk mund të pranoja dhe as të imagjinoja që të më ndalonin të bëja gjënë që kisha më shumë për zemër, të punoja në Radio. Më trajtuan si 'armik'. Isha e re dhe nuk kuptoja tamam se çfarë lidhje kishte puna ime me politikën e ditës, për më tepër që nuk kisha simpati apo antipati për asnjë nga politikanët e atëhershëm.

Ndoshta pushimi nga puna më bëri më të ndërgjegjshme për raportet që krijon njeriu sapo del në jetë me detyrën, me profesionin. Të them të drejtën, me mbushi me mëri për faktin se në të vetmin radiotelevizion publik të vendit njerëzit ishin të ndaluar të mendonin si njerëz të lirë, por duhet të ishin në rresht si dikur duke shpërndare lajka për politikanet në pushtet e të paverteta kur e lypte nevoja e tyre. Desha ta perjetoja këtë ngjarje si një mosmarreveshje personale me një ndër drejtueset kryesore të Radios, sepse e përdorte emrin tim deri me ngarkese vulgare, por s'mundesha. Fryma e kohës po prodhonte njëlloj militantizmi të verbër, të cilin e djeva sepse e pësova vete, ndërkohë që atë të mëparshmin nuk e kisha provuar. Ndërkohe gjatë kësaj periudhe miqësia ime me Rich Mclear, drejtor i IREX në Shqipëri dhe këshilltar i jashtëm për Radio Tiranën ishte forcuar. Richin e asistoja edhe në Departamentin e Gazetarisë në Universitet në lëndët e Gazetarisë së Radios dhe Menaxhimit të Medias, lëndë që vazhdoj t'i jap edhe sot.

'Radio ime', ishte ide dhe mendim i Ennos, i ndikuar nga praktika, nga etja e njerëzve për informacion ndryshe dhe njohurive që kishte marrë nga Mclear.

Bisedë me dhjetë miq

Motra e Ennos ishte përkthyesja e McClear, dhe kjo e bënte edhe më të fortë lidhjen. Asokohe Enno ishte regjisor i emisionit të paradites në Radio Tirana. Rich kishte vizituar televizionin e parë privat shqiptar, TV Shijakun në 1995 dhe më pas së bashku me Ennon edhe radiot e para private në Vlorë e në Fier. Kur një radio në Vlorë e një në Fierishin ishin ngritur me pasion e me fare pak mundësi finaciare e mjete teknike, përse kjo gjë të mos realizohej në Tiranë? Enno planifikoi punën dhe ndërtoi vetë gjithçka. Në atë periudhë unë punoja si pedagoge në Universitet dhe në Radio Tirana s'kisha me asnjë shpresë për t'u kthyer. U takuam për kafe dhe ai më ftoi që të punonim bashkë. Mu duk se ëndrra po bëhej realitet. Do kisha shans të punoja sërisht në radio. 'Radio ime' filloi në mars, gjatë trazirave të '97-ës. Kanë qënë ditë të ethshme. Mbaj mend njëherë pasi kishim përgatitur lajmet ishim ulur në kafenenë tonë, të zakonshme, diku pranë Radios, dhe përtej xhamave pamë njerëz me kapuçë në kokë e me armë. U larguam dhe kuptuam se situata po bëhej e rrezikshme. Në ditët që pasuan, njerëzit, sado të pakët ne fillim, e dinin që kishte filluar transmetimin një radio e re, por nuk e dinin se çfare ishte e kush e drejtonte. Disa me hamendje thonin jo po është e iksit a ypsilonit, jo po është e filan fistekut.

Ndërkohë me frekuencë 105.4 midis Zërit të Amerikës dhe lajmeve të BBC-së, 'Radio ime' po hidhte hapin e vet të matur si një alternativë informuese me interes. Disa muaj pas hapjes së radios, fitova një bursë dhe shkova për studime në SHBA. Një periudhë njëvjeçare stazhi në radion publike të Bostonit, të cilen pa dyshim e çmoj si një përvojë të mrekullueshme. Rashë në kontakt me njerëz tejet kompetente, profesionistë të spikatur që ishin aq të thjeshtë e dashamirës sa nuk mund t'i harroj. Prej andej raportoja dhe për 'Radio ime' për ngjarje e zhvillime që i interesonin dëgjuesve të këtushëm, si bie fjala, përjetimet kur ndërroi jetë shqiptarja e madhe dhe e njohur Nënë Tereza.

Pas stazhit u ktheva. Qëndrimi nuk kishte qënë asnjëherë opsion për mua.U ktheva së pari për lidhjen që kisha me Ennon, së dyti për pasionin për radion, dhe e treta më pëlqente shumë mësimdhënia në Fakultetin e Gazetarisë. Padyshim Enno është miku im më i mire. Historia mes nesh ka filluar si miqësi, ndërsa tani na bashkojne shumë gjera: dashuria, profesioni, martesa, fëmijët, familjet. Ndoshta po të rrija në Amerikë, mund të kisha bëra gjëra të mira edhe atje, se kam idenë që kudo të më hedhesh do bie me këmbë në tokë, por realisht nuk kisha asnjë plan, dhe ndryshe është të shkosh me studime e me bursë të garantuar e ndryshe t'ia fillosh gjithçka nga e para. Se ç'është e vërtetë 97-ta ishte një vit i tmerrshëm per Shqipërine, po mos u çudit që edhe shtetrrethimin e atyre kohëve, gje që nuk mund të harrohet kurrësesi, e përjetoja sa me dhimbje, po aq edhe si me humor. Deri në minutën e fundit të mundësisë për lëvizje, në ora 8 pa një minut, ne, pra së bashku me Ennon, ishim në radio. Le të kujtoj me këtë rast se edhe familja ime futi një mijë dollarë në një firme piramidale, në prag të shembjes së tyre, kur dalldia kishte mbërthyer jo pak njerëz. Kam përshtypjen që nëse deri atëherë shqiptarët besonin te shteti, të demokracia, te tranzicioni, së bashku me piramidat famëkeqe u shembën edhe iluzionet e tyre.

Shqipëria e 2015 nuk ka të krahasuar me atë të para 25 apo 20 vjetëve më parë. Sidomos Tirana. Sigurisht për këtë ndikon fakti që nuk jemi më të izoluar si dikur. Sidomos në Tirane ka jetë, ka gjallëri, prandaj ndryshimi me qytetet e tjera është goxha i madh. Me ngadale po ndryshojnë dhe mendësite. Mjaft nga ata që jetuan jashtë si emigrantë po kthehen, disa investojnë dhe e dinë që Tirana ofron më shumë mundësi se zona të tjera, prandaj edhe duan të jetojnë në kryeqytet. Kthimi i emigrantëve, që me siguri do të pasohet edhe nga shumë të tjerë, varet nga stabiliteti e konsolidimi i shtetit, i rendit, i shoqërisë. Emigrantët kanë jetuar në vende ku ligji është ligj dhe në këtë kuptim sjellin mendësi të mira për zhvillim. Nuk po hedh lule mbi realitetin. Ka jo pak raste kur me vete kam thënë: çfarë bëjmë në këtë vend të çmendur? Tani që po flasim nuk më shkon mendja të leviz. Për shembull, nuk kemi aplikuar asnjëherë për Green Card. Edhe pse një vend akoma jo siç e kemi ëndërruar, gjithsesi mendoj se edhe këtu jetohet e po të kesh pak fantazi mund të jetosh mirë. Vendet për t'u vizituar brenda Shqipërise janë pa fund e ofrojne veçantitë e tyre. Përveç kësaj, miqtw këtu i zgjedh vetë, kurse po të isha në emigracion, për një varg arsyesh mund të lidhesha me shqiptarë a vendas okazionalë, sepse është e vetmja zgjedhje që ke. Nuk më takon të gjykoj përse komuniteti shqiptar në vende të ndryshme është pa peshe, në mos është 'ngri e shkri', por ky produkt mendësish individualiste do punë të shkulet. Ne këtu jemi pranë njerëzve tanë, kemi një status, une jam pegagoge ne fakultet, drejtoj njëorganizate që ka një qëllim fisnik e luftoj për të. Dhe këtu, po mos të jesh kokë e këmbe i varur nga politika, me përpjekje e djersë jetohet jo keq. Të tjerat janë fjalë...

Natyrisht, një nga arsyet për të qendruar këtu është familja. Ndoshta tingëllon primitive, apo patriarkale, quaje si të duash, por mua më pelqen të jem afër familjes. Koha, angazhimet, vitet bëjnë të veten. Bie fjala, unë nuk shkoj aq shpesh sa dikur të hallat e mia. Marredhënja është po njësoj, plot dashuri, por tani nuk ke kohe fizike të takohesh shpesh. E njëjta gjë edhe me prindërit. Janë në Tirane dhe i shoh njëherë në dy javë. Përpara 20 viteve kjo ishte e paimagjinueshme. Tani nëse kam pak kohë të lirë, atë e kaloj me fëmijët.

Ndihem qind për qind shqiptare. Shpesh herë njerëz që kanë udhëtuar e parë botën reagojnë mirë, kur u thua që je shqiptare. Njohjet e tyre, pa paragjykime, i kanë bërë më të hapur, më të lirshëm, me fleksibël. Por ka edhe që rrudhin buzët e të shikojne shtrëmbër kur i them që jam shqiptare. Për mua kjo është çështje personaliteti. Unë aq sa ndihem shqiptare, aq edhe nuk ndihem fort europiane. Ndoshta sepse vlerësoj mënyrën amerikane të jetesës, ndoshta vlerësoj faktin që në Amerikë nuk më kanë paragjykuar kur kam thënë që jam nga Shqipëria. Nuk e di nëse Europa është kaq e lirë, kaq e shpejtë, kaq praktike, po në Amerike kam çmuar mbi të gjitha ritmin e punës e të jetës. Dhe unë atë ritëm përpiqem të ndjek. Edhe fëmijët keshtu dua t'i mësoj. të udhëtojnë, të rriten mendjehapur, të dinë të sillen në mjedise publike, të mos stresohen para vogëlsirave që pengojnë.

Prindërit e mi nuk e imagjinonin kurrë që ne do ti rrisnim fëmijët me këtë disipline, edukatë e prakticitet.

Me Ballkanin lidhem disi ndryshe. Para disa vitesh Radio Ime ka qënë pjesë e një rrjeti të Evropës Juglindore me rreth 400 radio e televizione. Kam qënë anëtare e Bordit Drejtues e madje për një vit edhe Presidente e rrjetit. Ky bashkëpunim rreth 10 vjeçar me kolegë nga gjithë rajoni më bëri të njoh më mirë Evropën Juglindore e veçanërisht Ballkanin e ish Jugosllavinë. Në fund të fundit, janë shkëmbimet personale ato që i mbivendosen stereotipeve të shoqërisë. Kam pasur të bëj me profesioniste shumë të mire serbë e boshnjakë, jam miqësuar me to, kam mësuar prej tyre, boshnjaket ishin aq të qetë dhe aq të mençur. Dhe kam kuptuar sa e rëndësishme është

Iris

që të mos këtë kufij midis nesh në Ballkan. Mundesia që mu dha mua për të udhëtuar në këto vende fqinje, për të komunikuar, për ti njohur njerëzit, duhet ti jepet edhe të tjerëve. Dhe të mendosh që sa larg kemi qene prej tyre dhe se sa pak kemi ditur per to. Sa me shumë që rrija me ta, aq më shumë kuptoja e ndjeja të përbashkëtat që na lidhin e jo të kundërtat që na ndajnë.

Gjatë krizës dhe luftës në Kosove kam punuar si gazetare edhe në terren. Ajo çfarë kam kuptuar dhe që ka lidhje me profesionin ka lidhje me të qenit njerëzor. Sigurisht që prekesha sepse ata të cilët po vuanin, po vriteshin e po priteshin flisnin shqip dhe ishin shqiptarë, por mbi gjithçka ata ishin njerëz me historitë e tyre, me dinjitetin e tyre, me humbjet e tyre, me ëndërrat e tyre. Këtë jam përpjekur të transmetoj edhe gjatë emisioneve. Dhe kjo më bën të ndaj mënjane serbët që jane të vetëdijshëm e kane pranuar çfarë ka ndodhur në Kosovë dhe atyre që ende nuk duan ta pranojnë, dhe as humbjen. Kjo botë kështu është ndarë me njerëz mendje hapur e me mendje mbyllur. Puna është se cilët nga këta dominojne, cilët jane në pushtet e drejtojnë. Mendoj që ne përgjithësisht si shqiptarë duhet të jemi më patriotë, ta duam më shumë këtë vend, të jemi krenare, dhe të mos e ruajmë patriotizmin vetëm për ndeshjet e futbollit me fqinjët.

Jam e bindur që çdo njeri ka të përveçmen e tij, lirinë e tij, por disa guxojne e kanë fat që ta zbulojnë e ta ndjekin këtë, disa kanë frikë e nuk e zbulojnë kurrë të përveçmen e tyre. Mendoj se kam një aftësi për ti thënë gjerat troç, dhe kjo më bën deri diku të lirë. Shpesh të thënit e gjërave troç e në kohën e dukur më ka ndëshkuar në jetën time profesionale, sepse shumica e njerëzve këtu nuk e vlerëson aspak këtë mënyrë direkte komunikimi. Kësaj i shtohet fakti që jetojmë në një shoqëri patriarkale.

Ne jemi bektashi, muslimanë liberalë, që pijmë alkool e hamë mish derri. Unë besoj te Zoti, por nuk praktikoj ritualet fetare. Festat fetare i presim me gëzim, Krishtlindjet sidomos, dhe dhuratat për fëmijët nisim t'i blejmë një muaj përpara, kuptohet me aq sa kemi mundësi. Noan e kemi pagëzuar të krishterë– sepse kështu donte nuna, motra e Ennos. Them që nuk është mirë të rritesh pa besim.

Vitet e fundit ndjej që po merrem me shumë gjera. Po merrem me pak me radio dhe me shumë me problemet e grave. Dhuna ndaj tyre ngelet problem i madh për shoqërinë shqiptare. Numri i krimeve në familje është shtuar dhe prandaj jam fokusuar në këtë problem. Drejtoj 'Linjën Kombëtare të Këshillimit' një nga organizatat e para në ndihmë të grave të dhunuara. Përpara disa kohësh pata një ide dhe tashmë edhe kjo është realizuar– hapja e një zyre që merret me këshillimin e burrave dhunues. Një pjesë të tyre na i sjellin vendimet e gjykatës, por ka edhe nga ata që vijnë vetë. Nga 1996, vit kur është hapur linja e këshillimit të grave deri më tani kemi këshilluar me mijëra gra. Jam ndjerë shumë mirë për votimin e kandidatures time për të qënë pjesë e grupit të eksperteve të pavaruar GREVIO në Këshillin e Europes. Është një nisme e cila monitoron punën që bëhet kundër dhunës në familje dhe dhunes kundra grave në gjithë vendet e Këshillit Europian. Nuk është se po bëjmë revolucion, por jemi në rrugë të mbarë dhe jam e sigurt se diçka do të ndryshojë. Dhe kjo që po bëjmë ka vlere sot, por edhe për të ardhmen.

Ëndrrat për të ardhmen kanë të bëjnë kryesisht me të ardhmen e fëmijëve. Do të doja që fëmijet të mos bëheshin gazetarë, por të kishin një tjetër profesion. Gazetari i mirë është në ndeshje të vazhdueshme me pushtetin, dhe shpesh mund të ketë të drejtën me vete, por ka edhe shumë tension e luftë për të shpalosur të vërtetën. Prandaj, ndonësë janë akoma të vegjel, më mirë them të marrin një tjetër profesion, mjek bie fjala, sepse kështu ndoshta do ta kenë jetën pak më të thjeshtë dhe realisht do të mund të shpëtojne jetë njerëzish.

Edhe ëndrra e dëshirat për të ardhmen e Shqipërinë tonë, përsëri kanë lidhje me fëmijët. Unë atëhere do të jem afër pensionit, megjithëse nuk e mendoj veten kurrë si pensioniste. Shqipëria duhct të jetë ndryshe, e mirë jo vetëm për ne por e garantuar për fëmijët tanë. Është tjetër gjë hapja, proçesi i pandalshem i kapjes sa më shpejt të standarteve të Europës së zhvilluar ku jemi nisur të shkojme jo pa pengesa, pa trauma e madje edhe kthime pas. Investimi në arsim do ta shpejtonte këtë proçes. Për këtë mendoj që politika nuk duhet të jetë kaq e rëndësishme, madje do të doja të mos ishte fare pjesë e jetës së familjes sime. Tani me njëfarë të ashtuquajture 'politike' në Shqipëri merren të gjithë, edhe ai që mbledh kanaçe për të mbijetuar, edhe ai që ka marrë votën dhe drejton vendin, që në fund të fundit është detyrë e tij. Me këtë biçim 'politike' lidhet vendi i punës, buka e gojës, shërbimet e jeta cilësore. Uroj që pas 20 vitesh politika të mos ketë kaq peshë në jetën e secilit qytetar. Kjo do të thotë, sipas meje, që njerëzit e mençur e të ndershëm të zënë vendin që u takon, të drejtojnë, dhe jo ata që vjedhin përmes pushtetit që gëzojnë, firmave që hedhin mbi tenderat, duke përçmuar e tallur qytetarin e thjeshtë që nuk di të vjedhë. Këtë turp nuk do të doja kurrsesi që fëmijët e mi ta përtypin dhe ta vlerësonin si diçka normale.

Lazër

Gjeta shokë, kur gjeta veten.
Cesare Pavese

ME LAZRIN TAKOHEM NË ËNDËRR. *Nganjëherë takohemi në shtëpine time, ulur pranë tavolinës së bukës dhe duke pire çaj përpiqemi të përkthejmë një poezi të Akhmatovës, nganjëherë takohemi në një kafene e përsëri bisedojmë për një rrëfim pa titull, a thua se duam ta ndjellim që të dale në dritë e ta pagëzojmë aty për aty, nganjëherë takohemi dhe ecim buzë detit, nganjëherë marrim një shteg që dredhon mes pyjeve e maleve e të çon në shtëpinë e tij në Pult. Por më shpesh takohemi në bibliotekën e Akademisë së Shkencave në Tiranë, ku dominon e gjelbra. Drita e diellit bie mbi kapakët e librave të vjetër e të rinj të bibliotekës klasike që është kthyer në bibliotekë ëndrre. Librat na shikojnë për të njëqindtën herë dhe i thonë njëri tjetrit duke buzeqeshur:*

-A të thashë që do të vinin përsëri?'

-Po, por ka kaluar shumë kohë dhe mendova që ndoshta tani takoheshin diku tjetër.

-E po e dinë se sa të fuqishëm e besnikë jemi. Prandaj vijnë.

-Fol për vete.Ti i magjeps e i mrekullon. Kur lexonin nëpër faqet e mia shpesh herë trishtoheshin dhe sikur e humbin fillin e dëshirën për të jetuar mes njerëzve.

-E pra ja ku janë, jane kthyer këtu për të gjithe ne. Kjo është më e rëndësishme.

Në ëndërr, atje në bibliotekë, ne shndërohemi në dy fëmijë ëndërrimtare që me çdo kusht duan të mësojnë të fluturojnë. Lexojmë e flasim me pasion, u kthehemi të njëjtave pjesë në librat e dashur, zbulojmë gjithmonë gjëra të reja dhe në atë labirinth të dijes njerëzore ndihemi shumë mirë. Miqtë tanë të bindur për përkushtimin tonë ndajnë me ne një e nga një gjithë sekretet e tyre, dhe në fund të këtij takimi na dhurojne krahë. Na bekojnë dhe ne nisemi edhe njëherë fluturim për në botën e madhe.

Atje takojmë edhe një fëmijë tjetër, ëndërrimtar dhe që di të fluturojë, Lulin – miken time të shtrenjtë të fëmijërisë dhe shoqen e jetës së Lazrit. Ndërsa fluturon ajo pikon vargje në krahët e zogjve dhe e mbush qiellin tonë me fjalë që bien si yje.

Zgjohem. E lëmë të takohemi në një kafene të vërtetë – Kafe Picadilly, afër Lidhjes së Shkrimtarëve. Qyteti sapo është larë nga shiu i mbasdites dhe pemet e lulet në oborr të kafenesë duken sikur duan të na gllabërojnë në harlisjen e tyre verore. Përpiqemi të flasim për gjera të rëndësishme por nuk flasim dot. Natyra do vetëm adhurues. E lemë që të takohemi edhe njëherë, kësaj rradhe në rrjet.

Si pa e kuptuar u rritëm, u maturuam, u bëmë prindër e bashkëshortë, pronarë tokash apo shtëpish, nëpunësa, shefa, këshilltarë, kryetarë. A janë këto përkatësi të jetës, që ti i ke dashur apo ëndërruar?

Lazër

Ligji i jetës dhe koha e pamëshirshme e bëjnë të vetën; na shndërrojnë në secilën ditë që jetojmë. Njeriu nuk e mban mend mirë kur ka filluar ta projektojë endrrën e vet, nuk është i sigurtë, nëse e ka trilluar apo ka lindur me një ëndërr të shkruar në genet e tij dhe dalëngadalë, në çastin që vetëdijësohet për të, i qepet pas, përpiqet, mundohet, rropatet, nuk i ndalon kurrë orvatjet që ta mbërrijë. Po ajo është gjithmonë e largët dhe e paarritshme, sado të ngjajë se i je afruar dhe për një grimë mund ta prekësh. Eshte si loja e qiellit me kreshtën e malit në horizont. Thua me vete se sa ta ngjitëm në kreshte do të prek qiellin, por, sapo ngjitesh në majë, e kupton se qielli ia ka mbathur tutje të kreshta tjetër. Diku kam shkruar njëherë se njeriu nuk mund t'i shkapërcejë endrrat e tij. As në letërsi, as në jetë. Midis ëndrrës dhe jetës gjithmonë ka një ndryshim nivelesh; jetojmë në një nivel më të ulët se sa ëndërrojmë dhe kjo na bën të mos i ndalojmë përpjekjet tona sa ta kemi frymën. Dhe të mos e humbasim shpresën gjithashtu.

Di vetëm se ëndrrat e mia të fëmijërisë kanë gjenë gjithmonë të largëta, nuk ndaleshin të rrëza e parë e kodrës përballë shtëpisë, të faqja e malit kundruall apo brenda çadrës që krijonte horizonti i ulur në kurorën e kreshtave që rrethonin vendlindjen time. Njëherë bile me një moshatarin tim qesh ngjitur në majën më të larte dhe prej aty shikoja horizonin e zgjeruar deri ku humbiste vështrimi, tutje liqenit të Shkodrës e deri në Adriatik. U pushtova nga një ndjenjë madhështore, një gufim triumfi shpirtëror. Me sa duket gjithmonë më kishte munduar trysnia e një horizonti të ngushtë. Si nxënës isha i dashuruar pas hartave. Udhëtoja në harta në të gjitha anët e rrozullit, nga Arktiku në Polin e Jugut, duke i shkelur me mendje pëllëmbë për pëllëmbë, qytetet, fshatrat, malet e fushat e kësaj toke. Dhe kur bota më dukej e vogël, ktheja syte nga qielli dhe vështroja yjet e largët. Atëbote kuptova se vetmia ishte ligji universal i kozmosit, se ylli më i afërt ishte mijëra vite drite larg dhe se yjet gjithashtu ishin të dënuar me vetmi të përjetëshme. Nuk e kuptoja pse Krijuesi i Universit na kishte dënuar me këtë vetmi të pandreqshme. Vite më vonë u binda se vetmia nuk është ligj vetëm në univers, po edhe brenda nesh, e shkruar në genet tona dhe në përpiqemi të çlirohemi prej saj me të gjitha mjetet tona, pa ia dalë kurrë mbanë. Këtu kam përshtypjen zë fill edhe letërsia, veç të tjerash.

Te kthehem më konkretisht të pyetja. Në këtë betejë të vazhdueshme, që përkthehet ndryshe në vite të jetuar, kam arritur shumë gjera, jam shkolluar, bërë një shtëpi për veten dhe familjen, martuar, rritur fëmijë, përcjellë për në ate bote njerëz të dashur, shkruar libra, lënë disa dëshmi. Por siç e thashë me lart, endrra gjithnjë largohet si horizonti, është gjithmonë në krështën tjetër dhe kjo është një nxitje për të jetuar edhe më tutje.

Lazër

Edhe unë e kam menduar shumë herë këtë gjë: Çfarë më ka bërë njeri të lirë? I kam dhënë përgjigje të ndryshme kësaj pyetjeje në vite të ndryshme, por gjithnjë duke mbetur të bindja e hershme, njeriu lind me lirinë e tij. Tjetër është vetëdija e lirisë, guxmi për ta mbrojtur lirinë tende gjithnjë të kërcënuar. Ne jemi rritur në një kohë të keqe për lirinë, nën një diktaturë nga më të egrat e imagjinueshme. E megjithate them se kam qenë njeri i lirë. Pikërisht për këte kam shkruar dhe një tregim për këte me titullin 'Idioti udhëton për në Amerikë'.

Kërcënimit më të madh të lirisë në rininë time i bëra ballë me idenë e arratisjes. Në momentet kur qendroja para hartave, unë nuk mund ta kuptoja se përse unë nuk mund ta shkelja një vend, vetëm pse atje jetonte një popull tjetër, i përkiste një shteti tjetër. Toka është e njeriut, jo e qeverive apo diktatorëve që ngrejnë gardhe, mure të pakalueshme. Ideja e arratisjes të unë ka qenë shumë e hershme edhe pse nuk u arratisa kurrë. Ishte një sekret që më sillte ngazëllim, më zbulonte mundësi të pafundme. Ajo më bënte t'i qendroja larg realitetit, të mos i kushtoja asnjë kujdes karrieres time të ardhme në vendin ku jetoja. Jetoja me vetën time dhe për veten time. Më kujtohet ankthi dhe tundimi i një dite tetori, ndërsa rrija në bregun e këtejmë të Bunës. Në bregun tjetër gjendej një kishë e vjetër, e braktisur më dukej, ndërsa këtej kishat ishin rrafshuar me tokën. Mjafton të notoje njëqind metra dhe gjendeshe përtej kufirit, në botën tjetër, të mistershme dhe të panjohur. Pak me tutje mbi bregun e ngritur rrinin duke u ngrohur në diell tre ushtarë, rojtës të kufirit, të qetë, të qeshur, lozanjarë. Dhe ta mendosh se ata djem mund të shndërrohehsin në vrasës të pamëshirshëm, sapo dikush të provonte të hidhej në ujë në tentativë për të mbërritur bregun tjetër, bregun e huaj. Bënte shumë ftohtë, toka rrotull kishte ngrirë. Unë ngrohesha me idenë se një dite do ta kaloja këte kufi, gjallë a vdekur. U ktheva prapë të puna e detyruar, xhveshja e misrit, më një ngazëllim që më kishte pushtuar shpirtin, i ngjashëm me ngazëllimin e dashurisë së parë. Këtë të fshehtë timen e ndava më vonë me mikun tim Ndoc Dedën (Shtëpinë) dhe për shumë vite, me orë e net të tëra diskutonim idenë tonë të arratisjes, thurnim plane pas planesh, të bindur se nuk kishim rrugë tjetër. Ajo që na ndaloi, pasi morëm diplomat universitare, ishte gjyshi im i sëmurë. I premtova Ndocit se kur gjyshi të mos ishte më gjallë, unë do të arratisesha se bashku me të në vjeshtën e parë. E doja aq shumë tim gjysh sa nuk mund ta braktisja në asnjë rrethanë. Kur ai u nda nga kjo jetë, një vit më vonë miku im u arratis, ndërsa unë mbeta këtu, për të mos u arratisur më kurrë, se kufijte ranë dhe në një farë mënyre lirite politike u vendosën. Arratisja nuk kishte më kuptim.

Por instinkti i lirisë, kështu po e quaj, nuk funksionon vetëm në një drejtim. Ka plot njerëz jo të lirë në shoqerite e lira. Unë them se kam qenë dhe jam njeri i lirë, duke paguar për këte një çmim të vazhdueshëm. Kostoja e lirisë është e rëndë në çdo kohë e në çdo shoqeri, por vetëm ndjesia e lirisë e bën këte jetë të jetueshme.

Ndihem krejtësisht shqiptar, sepse as kam, as mund të kem identitet tjetër dhe po të dua. Vij nga një familje shqiptare e krishterë brez pas brezi, prej kohës që nuk mbahen mend. Shkruaj shqip, flas shqip, jam lindur e rritur në Shqipëri, çfarë mund të jem tjetër? Natyrisht të qenit shqiptar nuk është zgjedhje: thjesht kam lindur shqiptar, në pasaportën time dhe në kartën time të identitetit shkruhet 'Albanian'. A ka kjo një domethënie? Prapa kësaj fjale me tetë shkronja, natyrisht qëndron një domethënie. Edhe një i huaj, kur lexon këte fjalë në pasaporte përpiqet të dëshifrojë këte domethënie, vë në levizje njohurite e tij të gjeografisë, të historisë, ose njohurite e freskëta që mund t'i vijnë nga ndonjë lajm i botuar në gazetat e ditës. Por mua nuk më shqetëson kjo domethënie sipërfaqësore që në fund të fundit nuk tregon gjë hiç.

Njeriu është shumë me tepër se një nocion gjeografik. Eshte një histori personale, e përvetëshme, e pakrahasueshme me historinë e askujt dhe e papërsëritshme kund tjetër. Nëpërmjet ngjashmërive dhe përgjithësimeve përgjithësisht nxirrën përfundime mediokre, në mos të gabuara. Për mua domëthënia të qenit shqiptar është krejt tjetër: është historia ime dhe e familjes time, janë fjalët që kam pëshpëritur së pari, janë të parët që prehen ndër varre, është kultura dhe historia, mitet, legjendat, ëndrrat, është projekti i një jete. E dua Shqipërinë dhe them se jetoj në vendin ku dua.

Emërtimet gjeografike nuk kanë ndonjë kuptim për njeriun. Jam shqiptar dhe jam europian njëkohësisht. Europianët mbase e bëjnë, po unë nuk di të bëj ndonjë dallim midis vetes dhe tyre në asnjë pikëpamje. Qytetrimi europian i ka rrënjet të qytetrimi mesdhetar greko-romak dhe tek vlerat e krishtërimit. Si shqiptar, them se vij nga një popull që ka qenë i shkrirë me këto dy qytetrime, që ka marrë dhe ka dhënë me to, që ka dhënë jo vetëm perandorë, Papë e komandate të shquar ushtarakë, por edhe fjalë të fillesës, kulturë, mite, legjenda, histori. Mesjeta solli një dramë të madhe për shqiptarët, po nuk mendoj se arriti ta zhbëjë genin shqiptar, arketipin shqiptar, europian njëkohësisht. Por sigurisht nuk të bën vetëm vendlindja europian: të bën kultura, sistemi i vlerave të pranuara europiane.

Nëse gjykohem nga preferencat letrare atëherë nuk kam nacionalitet, ose nacionaliteti im është njerëzimi. Në tryezën time të shkrimit janë gjithmonë dy libra me poezi të Borgesit: L'oro dei tigri dhe 'Night poems'; jane librat me poezi të Yehuda Amichait, të Cesare Paveses, të Salvatore Quasimodo-s, të C. P. Cavafy-s, tregime të Singerit, Amos Oz-it, Julio Cortazar- it,

Roberto Bolanos, Franz Kafkës e shumë autorëve të tjerë, që përbëjnë bibliotekën time të dashur, e cila ka vetëm një identitet - Kulturë e njërëzimit. Dhe unë sigurisht që e ndjej vetën pjesë të kësaj kulture, më shumë se gjithçka tjetër.

Është vështirë të flasësh për veten. Vinin nganjëherë mysafirë në shtëpinë tonë dhe mbaj mend se njëri i tha njëherë gjyshit: 'Je burrë trim!' Gjyshi aty për aty ia ktheu:' Zot mos më provo!' Nëse më burrë kuptohet të jesh zot i vetes tënde, them se gjithmonë kam qenë zot i vetes time. Në të mirë dhe në të keq. Dhe sidomos kur je në të keq, nuk të gjindet askush në krah, shndërrohesh në një të panjohur për botën, madje edhe për njerëzit e tu të dashur. Kafka e ka shkruar Metamorfozën për këtë dramë të individit, ndërkaq Pavese ka disa vargje mrekullueshëm në poezinë *Antenati*:

> *Mbushun me vese, trille, tmerre,*
> *- ne, burrat, baballaret, dikush asht vra,*
> *po nji turp i vetem kurr' s'na ka ra,*
> *kurr' s'u bame gra, kurr' rob të tjetërkujt.*

Dhe une këtë mund ta them me bindje. Nuk kam qenë kurrë grua dhe kurrë skllavi I dikujt.

Ndërsa të qënit malësor është një nocion me përmbajtje gjeografike, përdoret për një banor të maleve, për një njeri që banon në male. Në Shqipëri ka një veçori, se të paktën këta biologjikisht, janë ruajtur më të pandotur, nga transfuzionet gjenetike të pushtuesve. Dhe kulturalisht, kanë ruajtur më të forte arketipin e lashtë, për shkak të izolimit shekullor. Por njerëzit nuk mund t'i gjykosh nga vendlindja. Une di se kam patur një fëmijëri mahnitëse në shtëpinë ku u linda, ku jeta dhe vdekja qëndronin në një ekulibër të brishtë, që lëkundej kërcënueshem. Por dhe të mbushur me histori, mite, legjenda, rrëfime pafund. Kjo e bënte jetën të begate dhe të bukur, të mbushur me mister dhe shpresë. Ndonëse e dija instinktivisht se sa të rritesha, sa të bëhesha zot i vetes nuk do të jetoja më aty. Dhe kështu ndodhi. Them se mora shumëçka të mirë prej andej, por jo veset. Në letërsinë time ka jo pak hapësirë vendi ku u linda. I kthehem gjithmonë vendlindjes, si një parajse të pamundur, prej ku u përzumë qysh prej mëkatit të Adamit. Them se ndihem aq i emancipuar sa jam njeri i lirë.

Jam baba i mirë, shumë i lidhur me fëmijët e mi. Prind, shok, mik, bashkëbisedues. Një ditë ime bijë, Lea më tha: 'E di babi se të kam njeriun më të shtrenjte në botë'. Në përgjithësi Lea është njëri i mbyllur, nuk i shpreh emocionet dhe unë shpesh shpotitem me të duke i thënë se je e prerë për politikë ose diplomaci. Nuk është si motra më e madhe Lodia, emocionale, e dashur dhe shumë e dhembshur. Kjo më bën të mendoj se jam një baba i mirë, edhe pse do të doja të kisha bërë shumë më tepër për fëmijet e mi.

Lazër

Ndërsa si bashkëshort, duhet të pyesësh miken tënde e time shoqe. Por në kuptimin klasik të fjalës nuk besoj se jam një bashkëshort i mirë. Jeta është e vështirë dhe bashkëshortët janë dy individë që luftojnë për të njëjtin territor. Në martesat 'e suksesshme' individualitetet tretën, shndërrohen në një kompozitë, ashtu siç ndodh me lëndet kimike të përbëra, të cilat nga bashkimi fitojnë cilësi të reja, ndërsa unë dhe ime shoqe kemi qëlluar të patretshëm, ruan secili individualitetin e vet të theksuar, por prapë ia kemi dalë të jemi bashkë gjatë gjithë këtyre viteve.

❖

Shkruaj por nuk e di a jam shkrimtar. Nëse shkruaj disa faqe të mira, ose një libër të mirë gjatë gjithë jetës, them se do isha i kënaqur. Megjithate nuk e konsideroj vetën martir të letërsisë. Nuk ka kuptim të jetosh vetëm për letërsinë, ndonëse letërsia i jep kuptim jetës time, e bën ate të jetueshme.

Jo, nuk besoj në ideologji.Ideologjitë i kanë sjellë shumë fatkeqësi njerëzimit. Të marrim ideologjinë e komunizmit, pasojat katastrofike që ajo pati në botë në shekullin e XX-të. Një ideoloigji e propoganduar në mënyrë joshëse është një mjet shumë e fuqishëm në duart e spekulatorëve kriminelë, apo siç i quajmë ndryshe diktatorë. Një mendje intelektuale nuk është e prirur të besojë, është e prirur të dyshojë.

Besoj të ndjenja e dashurisë. Dhe diçka që nuk e dua nuk mund ta bëj.

Njeriu ka nevojë të besojë diku. Besimi është një zgjidhje paqtuese, ngushëlluese, të shpëton nga dyshimet mbytëse, pikëpyetjet pa përgjigje. Si fëmijë njeriu është shumë kureshtar dhe bën shumë pyetje. I tillë isha dhe unë. Duke u rritur, duke 'u pjekur', njeriu gjen përgjigje për pikëpyetjet e tij, përgjigje të gatshme, në shkencë, në religjion, në filozofi. Me mua ka ndodhur e kundërta: Vitet nuk më kanë shtuar përgjigjet, po pyetjet. Tani kam më shumë pyetje dhe më pak përgjigje se dikur.

Them se njerëzimi ende është në foshnjërinë e dijeve të tij. Pavarësisht progresit të shkencës dhe teknologjisë, pavarësisht kulturës së krijuar dhe zhvillimit të mendimit filozofik, ne ende nuk kemi pergjigje bindëse për pyetje themelore si: nga vijmë, kush jemi dhe ku shkojmë? Misteri në bote është kolosal në krahasim me ato pak gjëra që dimë dhe jam i bindur se pas një mijë apo dhjetë mijë vitesh do të ngjajmë qesharakë në dijet tona, nëse njerëzimi do të ketë fatin të ekzistojë. A besoj? Di se nuk besoj në shumicën e shpjegimeve që janë dhënë, se përtej të gjitha dijeve qëndron misteri, e panjohura. Çfarë është ajo e panjohur e mistershme që ka fuqi mbi jetët tona? Ka një projekt universal dhe ne njerezit jemi pjesë e këtij projekti, na ka projektuar dikush, siç projektojmë ne lojërat në kompjuter, apo atje përtej ka dicka më thelbësore, më të pakapshme dhe të paarritshme për mendjen tonë? Nuk ka një përgjigje, madje as biocentrizmi, teoria e fundit provokative e Robert Lanza-s nuk jep një përgjigje shterrruese, përveçse ngjall interes e të fton për të mos u llokoçitur në cektinën e dijeve tona. Unë besoj se ka diçka përtej rastësive dhe fatit. Le ta quajmë këtë fuqi hyjnore siç e kanë quajtur historikisht njerëzit.

E kam filluar studimin e gjuhës ruse rastësisht kur isha nxënës në vit të parë të Shkollës së Mesme. Kur mbarova shkollën e mesme lexoja lirshëm në rusisht. Nuk pati ndonjë ndikim gjuha, por nëpërmjet kësaj gjuhe, arrita të lexoj plot vepra të letërsisë botërore, që atëherë nuk gjendeshin në shqip. Veçanërisht letërsinë moderne, atëkohë të ndaluar. Dhjetë vjet kam komunikuar me kulturën botërore vetëm nëpërmjet kësaj gjuhe dhe ishin vite të rëndësishme, 20-30 vjeç.

Familja ime: Në fëmijëri ishte gjyshi, nëna, babai dhe motra ime më e vogël. Veçanërisht gjyshi, që ishte një burrë i jashtëzakonshëm. Jam rritur i rrethuar me dashuri, përkujdesje, isha në një farë mënyre shpresa e familjes. Aq shumë me donin dhe shpresonin tek unë, sa frika mos i zhgenjej ka mbetur frika ime më e madhe që kam provuar. Dhe në një rast e zhgënjeva Nënën: kurrë nuk jam ndjerë më keq në jetën time. Nuk tha asnjë fjalë por unë e kuptova zhgenjimin e thellë në sytë e saj, pikëllimin që ia mbuloi fytyrën. Ishte dëftesa e notave në klasen e gjashtë ku unë nuk kisha dalë aq mirë, thjeshte kisha rezultate mesatare. U betova se kurrë më nuk do ta zhgenjeja nënën dhe pastaj në të gjitha vitet e shkollës rezultatet qenë maksimale. Edhe sot e kësaj dite brengën dhe frikën më të madhe kam pikërisht këtë: nuk dua kurrë t'i zhgenjej njerëzit që dua, njerëzit që kanë besim të unë. Ndonëse kjo është shumë e veshtirë për t'u mbajtur.

Edhe sot, natyrisht, më rëndësishme se gjithçka tjetër në jetë, është familja ime.

Por nëse ka njerëz të rëndësishme që kanë ndikuar në formimin tim, së pari ka qenë mësuesit e mi Xhabir Topalli dhe Moisi Mozali dhe profesorët e mi, Zyhri Bajrami dhe Bajazit Shehu. Profesor Bajaziti nuk më ka dhënë leksione, kur e njoha ishte në pension, por shkonin e pinim bashkë kafe. Bisedat me të ishin shumë frymëzuese dhe më ka mbështetur gjithmonë, me porosi, këshilla, edhe pse unë nuk ndoqa rrugën e shkencës. Një ndër to ishte dhe këmbëngulja e tij që të mësoja anglishten: 'Nuk di mirë anglisht më tha njëherë, por po të kisha mundësi gjithë njohurite e mia të anglishtes i kaloja në trurin tënd'. Fisnikë të tillë nuk kam takuar më.

Nuk e di, se si jam lidhur me artin, me letërsinë, por them se kjo është një prirje e lindur e njeriut, një ndjeshmëri spontane që shfaqet befas brenda teje, si pasion për lexime, si pasion per të dëgjuar dhe rrefyer histori, si pasion për të soditur gjate në vetmi yjet në qiellin e natës, apo lumin ndërsa rrjedh nërvoz në shtartin e tij, udhëtimet e vetmuara në pyll, shetitjtjet pasdite kodrave në përendim të diellit. Alpet, ku kam kaluar fëmijërinë dhe adoleshencën e parë janë vendi më i bukur në botë, një kryevepër hyjnore arti. Këtu them se zë fill dhe pasioni im për të bukurën, për natyrën. Pastaj erdhen leximet, leximet e pafundme të çdo libri që mund të gjeja. Si student pastaj nisa të merrem me gazetari dhe më vonë me krijimtari letrare. Lidhja që u krijua është e forte aq sa u bë pjese e qenësishme e jetës sime, sa s'mund të jetoj pa të.

Një herë në ëndërr po lexoja disa tregime që i kisha shkruar vetë. Me magjepsën. Ti shkruaj një ditë ato tregime, nëse mundem.

Por muk po bëj asgjë nga ato që do të dëshiroja të bëj. Tani do doja të kisha një mundësi për të jetuar dhe të merresha gjithë kohën me letërsi. Gjë që nuk e kam e nuk do ta kem kurrë.

Di dy momente të vështira në jetë. Së pari, kur po më refuzohej e drejta e studimit në univesistet, sidomos kur m'u refuzua për të dytin vit rresht, edhe pse kisha qenë një nga nxënësit më të mirë të rrethit të Shkodrës. E vendosa që nëse do të ma refuzonin për herë të tretë, do tentoja të arratisesha. Nëse nuk do ia dilja, do vritesha. Nuk mund ta jetoja jetën duke e nxjerrë bukën e gojës me kazmë në krah. Momenti i dyte është kur më shpallën të vrarë në kufi, në tetor të vitit 1990. Në fakt, kur më përjashtuan nga puna në shtator, ata prisnin që unë të tentoja të arratisesha dhe, kur unë nuk rashë në këtë grackë, ata nga zemërimi shpallën lajmin e vrasjes sime si 'armik'. Pastaj momente të hidhura janë dhe zhgënjimet nga njerëz tek të cilët kam besuar, nga njerëzit që i kam dashur me shpirt.

Kam plot momente të bukur. Por ndoshta momenti më i bukur ka qenë botimi i tregimit të parë në gazetën 'Zëri i Rinisë'. Askurrë më nuk do t'i provoj emocionet e asaj dite. Po çaste të lumtura kam patur shumë.

Nuk shikoj mbrapa. E shkuara është e shkuar. E bukur apo e trishtuar e djeshmja mbetet e djeshme dhe nuk mund ta rijetosh më. Sistemi që një gabim, aksident historik, barbar, primitiv, kriminal. Fatmirësisht u rrënua, u zhbë, por ne i vuajme pasojat e tij edhe sot e kësaj dite. Por unë gjithmonë jam ndjerë i shkëputur prej tij, sikur nuk kisha asnjë lidhje me të. Kjo ka qenë mënyra ime e të ekzistuarit.

Kohët e fundit jam duke u marrë me të dhënat historike të Muzeut të Memories. Kujtojmë qëtë jetojmë të lirë! Ky ka qene prioriteti themelor në konfigurimin e Muzeumit të Memories, sepse fatkeqësisht diktaturat dhe diktatorët nuk janë një fenomen i veçuar në histori; ata janë rikikluar që nga shoqëritë e lashta e deri në kohët moderne, duke sjellë vrasje, tmerre, vuajtje, uzurpim të lirive dhe të drejtave themelore njerëzore.

Ne si shqiptarë kemi fatkeqësisht një eksperiencë shumë të hidhur. Vuajtëm një nga diktaturat më mizore, që jo vetëm mbolli vdekje, varfëri, mjerim, e mbushi vendin me burgje e kampe përqendrimi, por e shndërroi krejt Shqipërinë në një burg të madh. Këtë dimension jemi përpjekur t'i japim Muzeut të Memories, të adresuar kryesisht për brezin e ri, që pothuajse nuk ka informacion, ose ka informacion propogandistik për të shkuarën e errët. Eshte një gjë të thuash se komunizmi ishte i keq, se udheheqesi komunist ishte diktator, se njerëz të pafajshëm u vranë, u burgosën, u mbyllën nëpër kampe, se vendi u katandis në mjerim dhe krejt gjë tjetër të faktosh krimet e komunizmit dhe mjerimin e shqiptarëve në diktaturë nëpërmjet dokumentit, fotografisë, dëshmisë së gjallë dhe të prekshme. Natyrisht, projekti ynë është vetëm një hap modest, por ndoshta i efektshëm në përpjekjen tonë si shoqëri për t'u ndarë njëherë e mirë nga e shkuara dhe nga çdo logjikë e mentalitet totalitar.

Çfarë duhet të ndyshojë në Shqipëri, nëse duhet të ndryshojë diçka?

Njeriu shqiptar. Po nuk ndryshoi shqiptari nuk ndryshon Shqipëria. Shqiptari duhet të fitojë vizionin e së ardhmes, i cili i mungon krejtësisht. Duhet të mësohet të mendojë se bota nuk mbaron te gardhi i oborrit të tij dhe as se jeta nuk është dita e sotme apo një javë që vjen më pas. Në fund të fundit, duhet të mendojë me kokë dhe jo me bark, të ndjejë më shpirt dhe jo me stomak.

Nga ana tjetër më duhet të them se nuk besoj ta shikoj kurrë Shqipërinë që kam ëndërruar.

Çfarë do të doja të ndaja me lexuesit e këtij libri? Tregimin tim 'Një vonesë bagazhesh'. Historia jonë është fatkeqësisht një histori vonese.

Ladi

Festina lente.
[Nxito pa u ngutur]

DISA NJERËZ DINË TË MBIJETOJNË *falë cilësisë së tyre për të rezistuar. Disa arrijnë të mbijetojnë falë cilësisë për të mos rënë në sy. Ata njehsohen me mjedisin dhe në mes të dritës me diell, dhe madje në sy të kamerave televizive ata janë vetja. Për mendimin tim, një nga ata të cilët arritën të jenë plotësisht vetvetja, për më tepër duke qënë në fokus të kamerave si në diktaturë ashtu edhe në vitet e tranzicionit, është Vladimir (Lad) Grillo, komentatori legjendar i sportit shqiptar.*

Shumë prej nesh duke mos pasur mundësinë të shpreheshim lirshëm, të lëviznim e të njihnim botën, humbnin çdo ditë një pjesë nga vetja. Kjo ishte një copë dinjitet, një copë liri, një copë nerv, një fill mendimi e emocioni që duhet të strukej thellë e të mos ngrinte kokë. Rregjimi komunist kishte pushtuar tokën, qiellin e detin. Qielli ishte bërë i paarritshëm dhe krahëprerët vetëm mund të ëndërronin. Barkave ju hiqeshin rremat e ju thyheshin direkët nga frika se mos lundronin drejt lirisë. Lëvizja nga qyteti në qytet, nga fshati në fshat, apo dhe nga rrugica në rrugice kontrollohej nga një aparat i tërë shokësh, miqsh, familjarësh, komandantësh, bashkëpunëtorësh,

Bisedë me dhjetë miq

dashamirësish e forcash të mobilizuara me një qëllim të vetëm – në një formë apo në një tjetër të thyenin individin, dëshirën e tij për të qënë i lirë. Pothuajse gjithçka që mund të çonte drejt lirisë e shprehjes së individualitetit kontrollohej e manipulohej.

Më vjen ndër mend një përcaktim i Italo Kalvinos në romanin e tij 'Nëse një udhëtar në një natë dimri' ku ai pak a shumë shprehet se sistemet e dhunës lejojnë deri diku edhe hapësira për të marrë frymë, duke bërë një sy qorr nga një herë, dhe shkartisur butësinë me mizorinë, në dukje në mënyrë të paparashikueshme, përndryshe mekanizmat e sistemit do të ndryshkeshin e nuk do të funksionin siç duhet.

Në këto kushte çfarë do të ishte sporti? Çfarë roli do të luante ai që njerëzit të mund të shpalosnin individualitetin e tyre? Çfarë do të ishte televizioni i vetëm në vend, që filloi të ngrihej në vitet 60-70, nëse nuk do të arrinte të fitonte zemrat e mendjet e masave dhe të edukonte 'njeriun e ri' të programuar nga partia në pushtet? Dhe për pasoje si do të mund të bashkoheshin qëllimi me mjetin?

Në vitet 70 e në vazhdim të shekullit të kaluar jo vetëm sportdashësit, por çdo shqiptari që mund të dëgjonte radion, të shikonte televizor gjatë javës apo në fundjavën e reduktuar në të djelë, i ka takuar të shikoje e të dëgjojë transmetimet e komentet e Lad Grillos.

Vladimir Grillo, djali madh i Zoica dhe Dhimitër Grillos - të dy të shkolluar, të kulturuar e shumë të disiplinuar - studioi gjuhë letërsi dhe fill pas mbarimit të shkollës u caktua të punonte në redaksinë e kulturës në të vetmin televizion në vend, TVSH. Ishte janar i vitit 1969. Në të njëjtën kohë në televizion u emëruan edhe shumë të rinj të tjerë: Ylli Pepo, Vullnet Musaraj, Agron Aranitasi. Fillimish Ladi u morr me kulturën dhe filloi të përgatisë emisionin 'Miku ynë i përbashkët' që kishte të bënte me botimet e reja, por edhe lajme të tjera artistike të gërshetura. Tema e emisionit u zgjerua dalë ngadalë jo vetëm me tituj librash, por edhe me diskutimin e librave të veçantë.

'Më kujtohet emisioni i parë që përgatita ishte për librin me poezi 'Ritme të hekura' të Fatos Arapit. I ftuar ishte rregjizor Mevlan Shanaj. Emisioni u pëlqye nga përmbajtja, por jo nga forma – ne kishim ftuar studentë e student të cilat mbanin funde të shkurtra, mbi gju, gjë që binte ndesh si 'shfaqje e huaj'. Na hoqën vërejtje për këtë, por u kalua. Vazhduam me emisione të tjera, për shembull, 'Epopeja e Ballit Kombëtar' e Bardhyl Ficos, me karikatura. Emisioni i kulturës atëherë ishte tre herë në javë. Sigurisht që kur dola në ekran për herë të parë, isha shumë i emocionuar, sepse ishte një gjë e panjohur. Një përvojë e re. E pata të vështirë, bëra edhe gabime, por më pas edhe me këshillat e miqve dhe të shokëve u mësova.'

Më pas u hodh ideja e krijimit të emisionit sportiv dhe Ladi, edhe me dëshirën e tij, shkoi të mbulonte problemet e sportit. Natyrisht sepse i pëlqente sporti. Gjatë emisionit mund të jepje më shumë informacion për një rreth më të gjërë njerëzish dhe ai ishte i nderërgjegjshem që sporti nuk pranon shumë teorizime e propagandë politike të mirëfilltë. Kjo zgjedhje nuk u prit mirë nga nga familja, sepse mendohej që ai do të vazhdonte në traditën e të atit që ishte historian dhe të xhaxhait, shkrimtarit Odise Grillo.

Ladi nuk ishte vetëm. Në atë kohë në radio ishte Skifter Këlliçi. Profesori i të gjithëve ishte i paharruari Anton Mazreku. Ladi hyri me brishtësi në fillim në radio dhe më pas në television me transmetimet sportive. Kur Këlliçi u morr vetëm me kulturë, Ladi pasi ishte marrë me dhënie lajmesh të shkurtra sportive u përqëndrua në 'Rubrikën Sportive', që u bë shpejt një emision i dashur për të paktit teleshikues të atyre viteve. Aparatet televizive në atë kohë shiteshin me autorizime, dhe këto lidheshin drejt për së drejti me besnikërinë ndaj pushtetit dhe postin. Një traditë e mirë u krijua kur u shtua komenti dhe të ftuarit në studio. Falë angazhimit të ndonjë aktori apo rregjizori të njohur në emision, 'Rubrika Sportive' u pasurua artistikisht dhe u bë më popullore.

'Sporti u takon të gjithëve dhe është detyrë e gazetarit që të dijë ta bëjë sportin të dashur për të gjithë. Edhe familja, pas disa vitesh, me dha të drejtë në zgjedhjen time. Edhe redaksia u zgjerua. Aty filloi punë shoku im i universitetit Ahmet Shqarri në emisionet shumë të ndjekura 'Nga njëra ndeshje në tjetrën'. Tani duket si anekdotike, por në ato kohëra, njerëzit shkonin e prisnin te Posta e vjetër e qytetit për të marrë vesh rezultatin e ndeshjeve në qytetet e tjera. Ahmeti arrinte në kohë reale të lidheshe me gjithë rrethet e të merrte rezultatet. Një zhvillim tjetër ishte krijimi i emisionit 'Sport-Kalitje' që kishte synim popullarizimin e sportit, domethene i lidhur me domosdoshmerinë për të qene të forte e të shendetshëm për të mbrojtur Atdheun. Sigurisht gjithçka në emision ishte në funksion të këtij qëllimi. Këtë emision e përgatisja së bashku me operatorin Astrit Omeri. Më vone u fut 'Reportazhi Sportiv'. Një punë mjaft e mirë u bë me lojrat popullore – si pjesë e kulturës sportive artistike. Çdo vit, televizioni shqiptar e pasqyronte të plotë edhe rrethin çiklistik të Shqipërisë. U shtuan lojërat me dorë, përpos futbollit. Në ato qytete ku ishin ngritur pallate sporti, që mbanin brenda rreth 3000 spektatorë, ndeshjet përjetoheshin me një entuziazëm të jashtëzakonshëm.'

Ladi tregon se si njëherë pasi kishte transmetuar nga Pallati i Sporteve në Tiranë e kishte thirrur Thanas Nano, drejtori i RTVSH dhe e kishte kritikuar për faktin që ishte ekzaltuar gjatë ndeshjes duke transmetuar kështu ndjenja gëzimi të papërmbajtshëm të sportdashësve në sallë. Këto lloj shpërthimesh mund të ruheshin vetëm nepër salla kongresesh e përpara tribunave e jo për një aktivitet si basketbolli. Ladi në fakt njihet për qetësine e tij olimpike dhe kjo falë faktit që ai nuk ka dashur të bashkojë e të njehsojë sportin me politikën, që siç dihet është qëllim i çdo diktarurë.

'Ishte e vështirë që të gjëjë një ekuilibër në reagimet e drejtorisë dhe të atyre që e ndiqnin sportit nga lart. Pas disa vitesh kur 'Rubrika Sportive' ndiqej shumë - siç u shpreh një nga funksionarët e lartë të asaj kohe – 'ajo konkurronte me 'Dinastinë' që në atë kohë njerëzit mblidheshin dhe e shikonin kolektivisht të TVB2, ose dyshi i sllavit siç i thoshin njerëzia.

Vërtetë Rubrika Sportive u pasurua nga ana cilësore,

sidomos kur në vend u zhvilluan sportet e lojrave me dorë për meshkuj dhe femra. U propozua që Rubrika Sportive të transmetohej direkt dhe të kishte karakterin e një shfaqjeje domethënë dhe me auditor. Në atë kohë ne kishim lidhje të rregullta me grupin e Estradës së Vlorës dhe Rubrika filloi të shoqërohej dhe me humor. Kjo vazhdoi për disa kohë, por një ditë m'u komunikua që nuk do ta drejtoja më 'Rubrikën Sportive'. Nuk më thanë arsyen e vërtetë. Por diçka të tillë sikur isha disi i ftohtë në komunikim. U mërzita dhe u zhgënjeva sepse u hodh poshtë pa të keq puna që kishim bërë për vite me rradhë në bashkëpunim me rregjisorët Albert Minga dhe Osman Mula. Përse pas kaq vitesh u pa se isha i ftohtë në komunikim?! Ndenja nja katër vjet pa dalë në ekran. Më vonë me urdhër të drejtorit të përgjithshëm Marash Hajati u ktheva përsëri të emision. Televizioni Shqiptar u mundua të pasqyrojë gjithçka çfarë ndodhte në vend në fushën e sportit, por edhe në fushat e tjera. Gjithmonë në kornizat e një propagande të kontrolluar. Filloi transmetimi i kampionateve botërore e i lojrave olimpike. Nga viti 1985-1986 një sipërmarrje e guximshme ishte transmetimi i drejtpërdrejtë. Ndërkohë u zgjerua edhe rrjeti i bashkëpunëtorëve, se vetëm nuk e bëja dot këtë punë.'

Mbaj mend që ka patur jo pak raste kur Ladi ishte i detyruar të fillonte transmetimin televiziv kur paraqiteshin sportistë që kishin zënë vendin e katërt a të pestë në Kampionatet botërore apo europiane, si në rastin e patinazhit artistik, sepse medaljet e vendeve të para u takonin sportistëve sovjetike apo amerikane. Dhe që të transmetohej njëndeshje ndërkombëtare duhej të merrje pëlqimin nga Zyra e Shtypit në Komitetin Qëndror. Por këto nuk janë mëkate të Ladit, veçse zbatim i urdhërave politike, që ai sot nuk ka dëshirë as ti kujtojë.

Bota e madhe.

Ladit i kishte qëlluar të dilte jashtë shtetit relativisht herët. Përcaktimi 'herët' ka kuptim nëse kemi parasysh eksodet e fillimit të viteve 90, dhe gjithë ikjet e tjera - që ende nuk kanë marrë fund - të shqiptarëve nga Shqipëria. 'Herët' për ata që kanë jetuar nën sistemin komunist janë vitet 60, 70 apo 80. Sepse po të kishte qenë edhe më herët, Ladi kishte shumë mundesi ti takonte gjeneratës së studentëve shqiptare që studiuan në Bashkimin Sovjetik e që dalloheshin nga të tjeret nga kultura e nga fakti që Moska u kishte hapur sytë. E pra Vladimir Grillo nuk i takonte atij brezi nostalgjikësh, ai kishte lindur në fund të luftës së dytë botërore apo në prag të paqes dhe ishte rritur në rendin socialist.

Një darke të ftohtë nëntori në fillim të viteve 90, Ladi së bashku me disa miq të tij ecën me ngadalë e shikon me kureshtje vitrinat e dritave të kuqe, të lagjes me prostituta të Brukselit. Nga një derë gjysëm e hapur një vajze e imët nxjerr kofshët të zbukuruara me tantella, dhe thërret: O Ladi!

Një nga kuriozitet e Vendeve të Ulëta për bashkëatdhetaret e mi dhe ne këtë rast edhe për Ladin, ishte dhe mbetet rregullimi ligjor i prostitucionit. Dhe vërtetë kjo vajza me tantella e reçipeta kuq e zi jo vetëm që nuk duket e frikësuar por sikur merr guxim nga hutimi i Ladit dhe miqve të tij dhe thërret e edhe njëherë: O Ladi, o Lad Grillo!

Edhe ajo, si të gjithe ne që u rritem në diktaturë, e konsideronte të njohur Lad Grillon. Dhe atje në 'botën e madhe' shqiptaret e sapodalë nga errësira u përngjanin personazheve provinciale të O.Henrit të fillimit të shekullit të XX kur mbërrinin në metropol. Të paorientuar, ende të frikësuar e të kontrolluar sepse një hap më pak apo më shumë mund të ishte fatal. Në Radio Televizionin Shqiptar mbahet mend që pikërisht në fund të viteve 80 është bërë një mbledhje e gjatë organizate partie, me debat e masa ndëshkuese sepse dy inxhinierë duke qënë jashtë shtetit kishin shkuar për të parë një film me skena seksi dhe ishin denoncuar nga shokët e tyre.

Vërtetë nuk kishte njeri që nuk e njihte Ladin në Shqipërinë e mbylluar. Aq më teper kur bëhet fjalë për një komentator sporti për shumë dekada në televizionin e vetëm në vend. Vitet e fundit ai transmetoi edhe në një kanal privat sportiv që u hap nga një i njohur i tij, dhe këtë jo thjeshtë për pasionin që kishte për sportin, por për të siguruar mbijetesën. Ndryshe nga shumë kolegë të tij, ai vazhdoi të punonte në RTSH edhe pas hapjes së madhe të vendit dhe krijimit të shumë radio televizioneve të tjera private. Për 43 vjet ai ndau nëpërmjet ekranit e radios emocionin e mendimin e tij për të gjitha llojet e sporteve.

Për mua dhe jo vetëm për mua nganjëherë ai ka qenë pak si i rezervuar, nganjëherë pak si i penguar, me një qetësi prej murgu budist. Por pikërisht këto cilësi dhe qetësia në koment e jo të qenit i ngutur për të nxjerrë konkluzione e bënin atë të pranueshëm e jo të imponueshëm.

Ladi

Tani pas gjithë këtyre viteve pune ai ka dalë në pension. Ladi edhe në diktature edhe në demokraci lëviz me këmbë. Ashtu si çdo njeri që ka punuar për shumë vite në një ndërmarrje dhe në një profesion, ai ende vazhdon të jetojë e të mendojë për sportin. Piketat e muajve e viteve të ardhshme janë ende lojrat olimpike, kampionatet, kupat. Por të qënit i lirë paska edhe të mirat e veta. Ladi ka kohë për të gëzuar e për të treguar për kohët e shkuara. Ja si vazhdoi biseda jonë:

Po, më njohin shumë njerëz. Disa me hedhin edhe ndonjë romuz për ndonjë gabim apo koment në transmetim qoftë edhe të viteve të shkuara, por kryesisht ata janë dashamirës dhe i vleresojnë transmetimet dhe komentet si i ftuar në studio. Para 90 ishte e vështire që të shpërtheje, pavarësisht natyrës sime, ashtu siç ishte e veshtire të ishe vetja. Sepse ashtu kërkohej. Pas 90s të gjithë jemi liruar disi dhe unë nuk jam më ai 'i ftohti'.

Për mua 8 orë punë kanë qënë 8 orë pasion, të pandara. Duke parë dhe komentuar për sportin e disiplinat e ndryshme të tij kam përjetuar emocione e një kënaqësi të jashtëzakonshme. Që i vogël jam marrë me sport, kam luajtur tenis dhe basketboll, por si amator.

E mira është të mos jesh tifoz. Jam kundër fjalës tifozllëk, sepse në shqip kemi fjalën e bukur 'sportdashës'. Ndoshta kam pasur debulesë për Partizanin. Ata e bënin stërvitjen të fusha e aviacionit.

Kur isha i vogël, luaja me shokët aty pranë. Presionet për të favorizuar këtë apo atë skuadër sigurisht ekzistonin, por në të vërtetë kam pasur një vend të qetë pune.

Sportet individuale i dua e i vlerësoj më shumë. Për shembull atletikën, notin, notin e sinkronizuar apo patinazhin artistik.

Sigurisht një gol i bukur mbetet gjatë në mendje. Ashtu siç janë disiplinat të forta, po ashtu edhe emocionet janë të forta. Sporti – një betejë për të siguruar fitoren brenda në një kohë të caktuar. Për shembull goli i Kushtës në Beograd në 1987 mbetet i paharruar. Luante 'Flamurtari' i Vlorës me ekipin e 'Partizanit' të Beogradit. U vendos që Televizioni Shqiptar të transmentonte ndeshjen. Delegacioni shqiptar u prit mjaft mirë. Në çastin kur Kushta shënoi mu drodh zëri e për pak çaste sikur isha në ajër, shtanga, u meka dhe nuk arrita të nxirrja asnjë fjalë nga goja. Ishin çaste magjike të papërsëritshme. Pastaj shpërtheva...Goooool! Lotët më kullonin pa e kuptuar. Ndeshja përfundoi 2-1, për jugosllavët, por ne u kualifikuam pasi kishim fituar në Shqipëri 2-0. Partizani i Beogradit ishte një ekip i madh në atë kohë. Ky ishte gol kualifikues. Pak pas ndeshjes një gazetar nga Kosova që transmetonte për Prishtinën në Radio më tha se komentatori jugosllav ishte shprehur bukur që Kushta 'e dërgoi topin atje ku bën merimanga folenë'. I emocionuar, e takova gazetarin jugosllav dhe e falenderova. Ai e mirëpriti me dashamirësi komplimentin. Dhe, kuptohet, ajo ditë ka qënë e paharrueshme.

Çasti i kthimit ishte i dhimbshëm. Në fermën e Shtoit dhe në Shkodër kishin shtruar dy dreka të mëdha për ne, por në doganën e Hotit na mbajtën me orë të tëra, dhe na bënë një kontroll të imtësishëm, per të gjetur e për të mos lejuar ato pak rraqe e televizore të vegjël që kishin blerë sportistët në Beograd. Të gjithë u tensionuam nga ky trajtim. Magjia e fitores u zbeh në mënyrë absurde.

Po, pa dyshim që nëse duhet të zgjidhja edhe një herë do të merresha përsëri me gazetarinë sportive. Sporti të stimulon ta shijosh jetën, ta gëzosh në çdo sekondë, sepse gjithçka është e papërsëritëshme. Për shembull sonte Kukësi luan në Sarajevë. Deri tani Kukësi ka dalë mirë. Sigurisht që dua ta ndjek e të di se si do të shkojë.

Familja ime është e lidhur me sportin prej vitesh. Kristofor Grillo ishte kryeredaktor i gazetës 'Sporti popullor'. Edhe djali i xhaxhait, Kosta Grillo, është bërë komentator. Dhe mirë e bën atë punë. Shkurt, është një zgjedhje për të cilën nuk jam penduar.

Mbaj mend kur fillova si komentator, dhe atëherë transmetonim mes njerëzve në stadium, një burre aty pranë ndezi cigaren, ma solli dhe tha: 'Merre o bir se u lodhe!'. Për mua puna në RTSH ishte një punë dinjitoze, serioze dhe me vazhdimësi. Ndoshta jo me e mira po të kesh parasysh anën materiale. Por RTSH ka të drejtat per transmetimin e lojërave olimpike – si per shembull këto të fundit ne Moskë dhe në Brazil. Transmeton direkt Kampionatin Botëror të Atletikës, Kampionatet Europiane të Futbollit, etj,etj. Domethënë i ka kushtuar dhe i kushton sportit një vend të veçantë. Gjatë karrierës sime televizive kam transmetuar 7 Lojra Olimpike. Ndoshta ky është një rekord për tu mbajtur mend.

Të qënit gazetar sportiv më ka dhënë mundësi të rritem bën që sporte, si futbolli, të mobilizojnë e emocionojnë masivisht. Por unë jam përpjekur të sjell emocionin e pastër e jo të manipuloj.

Njerëzit përpiqen ta politizojnë edhe sportin. Dhe në Shqipërine e mbylluar të gjitha arritjet e kapitalizmit injoroheshin. Mirëpo kur transmetoja sport në RTSH jam përpjekur të mos bëja politikë. Jam përpjekur me të gjitha mundësite të jap më të bukurën dhe më të pranueshmen, shpesh edhe mes debatit e tensionit. Jam perpjekur në fund të fundit të përcillja një ngjarje sportive, edhe nëse Shtetet e Bashkuara dhe Bashkimi Sovjetik zinin vendet e para. Dhe kjo duhet kuptuar kështu: sport pa investime nuk bëhet, sport vetëm me pasion nuk bëhet.

Mbaj mend gjatë një vizite në Tunizi, nga ballkoni I hotelit shikonim se si stërviteshin në pistë me tartan disa të rinj shkollarë. Në Shqipëri edhe sot e kësaj dite ende nuk kemi pista me tartan. Prandaj mendoj që nëse nuk bëhen investime serioze në sport nuk duhet të presim shumë nga sportistet tanë.

Sot financimet vijnë nga shteti, por edhe nga privati. Bisnesi privat është i lidhur kryesisht me futbollin, sepse aty shikon mundesi fitimi. Kjo për mua është gabim, sepse duhet të investohet edhe në sportet individuale. Edhe me një sport individual mund të bëhesh i njohur gjithkund. Në Shqipëri ka sportiste të talentuar, sidomos në sportet e rënda – si peshëngritja e mundja. Me kokrra kemi edhe në atletikë e në shah.

Kam parasysh Pirro Dhimën dhe Luan Shabanin, të dy të rinj, 19 vjeçarë dhe 'mjeshtra sporti'. Ata u bënë sportistë atëherë kur në Shqipëri mungonte shumëçka. Ishin të talentuar dhe dolën disa herë kampionë vendi e në rajon. Por ne nuk ditëm ti mbanim. Më 1991 ata shkuan në Greqi. Greku e kishte parë, i ofroi mundësi të zhvilloheshin dhe që prej asaj dite ata përqafësuan Greqinë e morën njëri pas tjetrit tituj olimpikë.

Atletja Luiza Gega ka dhënë rezultate shumë të mira në vitet e fundit. Ajo dhe shumë individë duhen mbështetur, sepse që të kesh sport duhet të kesh infrastrukturë. Shahisti Erald Dervishi është mjeshtër ndërkombëtar. Ai ka pasur trajner Fatos Muçën, mjeshtrin e parë ndërkombëtar shqiptar. Dhe aq sa gëzohem kur arrijmë diçka, aq edhe pikëllohem kur shoh se si humbim.

Bota pa sport do të kishte një mungesë të madhe. Sporti nuk i takon 100 vjetëve të fundit të radios e të televizionit. Ai është bashkëudhëtar e jetës së brezave. Më kujtohet poezia e famshme e Fan Nolit: 'Rent o marathonomak!' Sporti sot është paqe, edhe mungesë e luftës së vërtetë. Për mua të luash sport, duke perfeksionuar trupin e mendjen dhe duke ju gëzuar fitores, do të thotë të shmangësh luftën e konfliktin e panevojshem. Sporti është manaxhim i luftës në paqe. Është një duel midis atyre që pretendojnë të jenë të barabartë. Megjithatë në sport ndikojnë edhe gjëra të tjera, si për shembull tradita, forca fizike, forca mendore dhe sigurisht edhe investimet që bëhen në të.

Periudha më e bukur, jashta gazetarisë, ka qenë kur lindi vajza jonë Dena, një ndjenjë dhe atmosferë e papërshkrueshme. Sigurisht që me ka gëzuar dhe emocionuar vlerësimi i punës 45 vjeçare në RTSH. Shumë momente të veçanta kam kaluar me familjen dhe rrethin shoqëror. Dhe së fundmi, mjalti i mjaltit: jam bërë gjysh. Periudha më e keqe në planin shpirtëror ishte kur humba prindërit e mi. Nëse kthehem shumë vite përpara, në aspektin fizik, një periudhë e tmerrshme ka qënë zbori, ku mund të kem ecur mijëra km marshim. Ka qënë një stërmundim i vërtetë. Gjithashtu një periudhë që e kujtoj me drithërimë ka qenë ndarja e një pjese të ushqimeve me racione, ku duhet të zgjoheshe që në 2 të natës për të mbajtur rradhën. Një realitet i dhimbshëm.

A besoj ne Zot? Të them të drejten kam kënaqesi kur shkoj në kishë, sepse ka njëlloj qetësie që më pëlqen. Prindërit kanë qënë dhe na kanë edukuar si ateiste. Ndërsa ime gjyshe na çonte gjithmonë në kishe (në Vuno). Një botë tjetër, mistike, një experiencë tjetër. Jo më shumë se kaq.

Tani kam kohë të lirë. Do të kujtoj e do të jetoj. Pasioni im më i madh është të udhëtuarit. Me familjen, me miq e shokë, por edhe vetëm. Më pëlqen shumë bregdeti ynë, ndoshta sepse famija ime vjen nga bregdeti dhe atje kam kaluar një pjesë të mirë të fëmijërisë. Kur fillova punë në TVSH një figurë e njohur e ekranit ishte Kiço Fotjadhi nga Dhermiu. E kisha si shembull e më mbështeste. Gjithashtu një tjetër figurë interesante në televizion mbetet Dhimitër Gjoka, edhe ky himarjot. Për shumë vite kam punuar me operatorin Astrit Omeri. Astriti ka qenë alpinist dhe i pasionuar për udhëtime. Ai kishte një motor, me të cilin kemi bredhur gjithë Shqipërinë nga jugu në veri.

Një peng më ka mbetur që shkova deri në Australi në Lojërat Olimpike, por nuk u bëra mbare të shkoj në Zelandën e Re. Do të mbetet ëndërr.

Jeta është e bukur dhe e bukura më ka pelqyer gjithmonë. Në shkrim, në pikturë, në muzikë, në sport, në çdo aspekt të saj. Sigurisht kam pasur edhe heronj të ndryshëm në faza të caktuara të jetës, pa dashur të përmend emra, por poezia më pëlqen në mënyrë të veçantë. Për mua Esenini mbetet i paarritshëm. Ja vargjet e para të poeziseë 'Letër nënës':

> *Gjallë je, moj ti nënoçka ime?*
> *Gjallë jam dhe unë,*
> *Të përshëndes.*
> *Paqja mbuloftë këtë mbrëmje,*
> *Izbën tënde deri në mëngjes.*

Për punën

PËRPARA DISA KOHËSH ZVICERANËT U *thirrën në një referendum për diçka krejt të veçantë: garancinë e të ardhurave bazë (të pakushtëzuara) për çdo qytetar. Kjo nismë, e shprehur thjeshtë e qartë në shqip, i fton njerëzit të vendosin nëse ata pa përjashtim duan të marrin nga shteti të ardhura bazë për jetën e tyre pa punuar. Nisma apo lëvizja, siç duan ta quajnë nismëtarët, ka gjetur përkrahje edhe nga shumë qytetare e intelektualë të organizuar në disa vende të tjera të Europës si Britania e Madhe, Finlanda dhe Holanda.*

Argumentet kryesore të nismëtarëve kanë të bëjnë me faktin që në Zvicër, rreth 50% e punës që bëjnë njerëzit nuk paguhet. Me këtë kuptohet kujdesi për të moshuarit, për fëmijet dhe të pamundurit, puna vullnetare në komunitet, puna shtëpiakeve, etj, etj. Një argument tjetër që të fton të mendosh për këtë lloj 'zgjidhjeje' është zhvillimi i teknologjisë, i cila po zëvendëson me shpejtësi punën e njeriut. Keto argumente të bashkuara me disa faktorë si stabiliteti politik e pasuria ekonomike e një vendi si Zvicra si dhe kultura liberale për vetvendosje e çuan popullin deri në referendum.

Nisma më kujton një parim përkufizues të ashtuquajturës shoqëri komuniste: 'Secili sipas mundësive, secili sipas nevojës'. Si fëmijë e më pas edhe si adoloshentë, sa herë doja të ëndërroja për një shoqëri më të mirë, më të bukur, më të drejtë, e të justifikoja sakrificat e mungesat tona sillja ndërmend këtë parim. Duke u rritur, kam dyshuar nëse sistemi socialist dhe rregjimi diktatorial në të cilin jetonin ne si popull ishte rruga e vetme dhe e drejtë që do të na çonte nënkomunizëm, ku të ardhurat do të ishin të garantura. Qindra fakte, pavarësisht nga izolimi poroz, me tregonin që ndërsa bota po vraponte, ne po zvarriteshim.

Zvicerianët votuam masivisht kundër idesë së një të ardhure bazë të garantur. Interesant është që asnjë nga politikanët e atij vendi, të njohur si vendi i referendumeve, nuk e mbështeti nismën.

Po shkruaj për këtë çështje sepse garancia e të ardhurave bazë dhe eleminimi i punës së detyruar kanë lidhje të drejtpërdrejtë me identitetin apo identitet e gjithësecilit. Ndoshta problemi kryesor që kanë vendet e përparuara e të zhvilluara si Holanda, Zvicra dhe Finlanda, nuk është mungesa e parave për ta financuar këto lloj shoqërie me të ardhura bazë të garantuara, por është frika shoqërore e politike nga mungesa e asaj që i jep secilit prej nesh puna: të qenurit dhe të ndjerit i nevojshëm, i nderuar, i domosdoshëm, i rëndësishëm dhe gati gati i pazëvendësueshëm. Në fund të fundit të qënit njeri e jo robot. A nuk themi që puna e bëri njeriun njeri?

Po mbyll sytë edhe njëherë dhe po ëndërroj për atë botën më të mirë, me të drejtë, më të bukur, botë e cila nuk kushtëzohet nga paraja, botë pa uri dhe varfëri, ku njerëzit kane kohë të lirë të vetëzhvillohen e nuk janë të detyruar të punojnë.

'Mos ja hiq njerëzve punën, se vërtetë nuk dinë se çfarë të bëjnë me gjithë atë kohë të lirë pastaj.' – më thotë një zë i

brendshëm.

'Pastaj, ç'është kjo nisme, pikërisht në këto kohëra të turbullta, kur qindra mijëra refugjatë po i ikin luftës, kaosit e varfërisë e po trokasin për strehë e për punë në dyert e Europës. Kohë eksperimentesh është kjo? Fshati digjet, plaka krihet...' – vazhdon zëri i zëmëruar.

'E kupton moj, që po hoqe punën, bien kufijtë! Bien e ndoshta ribëhen të gjitha identitetet - gjinore, fetare, racore, krahinore e kombëtare... Pasqyra e gjithësecilit nuk do të jetë më fqinji, por një qënie me inteligjence të lartë artificiale. Ndryshe nga mënyra se si e përcaktojmë dhe e perceptojmë ne identitetin tonë sot.' – vazhdon zëri, disi më qetë e mendueshëm.

Po sa prej këtyre identiteteve janë barrë, janë të sforcuara, janë përjashtuese në fund të fundit? Nëse nuk jemi të detyruar të punojmë, por të zhvillohemi ndryshe, ndoshta nuk do të ketë më shqiptare, holandezë apo zviceriane? A do të thotë kjo edhe fund i shoqërisë patriarkale? Po nëna e baballarë a duhet të ketë, apo jo?'

'Çfare identitesh të tjera mund të ngrihen nëse njeriu nuk paska nevojë të punojë?

Çfarë do të jetë në bazë të vetëzhvillimit? Ndjeshmëria për muzikë e për art; talenti për sport, shkëncë, astronomi, apo kuzhinë? A do ti jepnin këto identitete kuptim jetës? Cilët do të ishin heronjtë tanë? A nuk jemi të gjithë të programuar për mbijetesë?' – këmbëngul zëri.

Pyetje, hamendje e prapë pyetje. Për punën, që është bërë aq përcaktuese dhe që sikur i bën konkurrence gjithçkaje tjetër që jemi e që arrijme të bëjmë, por pa pasur një lidhje të drejtëpërdrejtë me punën e paguar.

Po e le me kaq rendez-vouz me vetveten, sepse sonte më duhet të përfundoj një raport për punën... Çështjen e të ardhurave bazë të garantuara dua ta bisedoj shtruar me miqt e mi, kur t'i takoj kësaj vere në Shqipëri.

Eda

*Nga gjithë krijesat e gjalla që ndjejnë e mendojnë, gratë
janë më të keqtrajtuarat.*
Euripidi

'TI JE RRITUR PA FRIKË nga institucioni, pa domosdoshmërinë e paradës, pa prezencën e monumentales, pa nevojën e dy-fytyrësisë publike. Teoria ime e ndërhyrjes, vigjilencës dhe kontrollit të domosdoshëm shkërmoqet pa fuqi para 'laissez-faire'-it tënd të hareshëm, natyral. Ambienti yt ka ndryshuar shpesh dhe pa dhimbje në kohën që formoheshe, ndaj ti e pret ndryshimin pa rezistencë dhe i përshtatesh lehtë, si të ishte gjendja normale e gjërave. Ndërsa frika ime e madhe është: a ke ti vallë forcën të mbrohesh në ditën kur ta kesh botën kundër? A ke lëkurën e forte që zhvillohet nga famëkeqi darvinizëm social kur luftohet për mbijetesë? Dhe a të duhet fare ta kesh, apo unë pjell rrethana kërcënuese, vetëm sepse vjetët e mi qenë ndryshe nga të tutë?'

Këto rradhë janë marrë nga 'Dy herë 26', një shkrim në të cilin mikja ime Eda Derhemi i drejtohet së bijës Adës. Mikesha ime e la Shqipërinë kur ishte 26 vjeç. Në 26 vjetorin e së bijës ajo reflekton për kohën e shkuar dhe për marrëdhënien nënë-

bijë. Duket sikur Eda përpiqet të krahasojë atë që nuk mund të krahasohet. Eksperiencën tonë të të jetuarit në dy sisteme dhe në dy vende të ndryshme. Eda mund ta ndajë shumë lehtë me miliona njerëz, me qindra e mijëra nëna të reja nga Shqipëria dhe gjithë Lindja, të cilat pas rënies së Perdes së Hekurt morën rrugën e mërgimit në kerkim të një jete ndryshe dhe më të mirë. Jam e bindur që të gjitha në e kemi përjetuar intensivisht nisjen, ndarjen, largësinë, kthimin. Mirëpo këto përjetime është gati e pamundur ti ndash me fëmijët, sidomos nëse ata ishin kërthinj apo aq të vegjël sa të na besonin pafundësisht në aventurën tonë. Kujtesa e tyre edhe sot e kësaj dite sikur refuzon të mbajë shqetësimin, mëdyshjet e dhimbjen tonë, megjithëse ikja nga vendlindja u bë edhe në emër të tyre. Ky lloj 'refuzimi', 'mosprekje' apo dëshire për të mos qene të imunizuar ndaj 'mbijetesës' i fëmijëve tane është prova që ata kanë mbetur të dlirë e të panjollosur. Domethënë muret mbrojtëse që kemi ngritur ne, shpesh herë patetike e qesharake, e kanë kryer funksionin e tyre. Shpresoj që kështu të mbetet.

Eda vazhdon: 'Sa të ndryshme jemi? Sa jemi të ngjashme me jetë formësuar nga ngjarje dhe kultura totalisht të kithëta? Një djalë diçka më i ri ankohej një herë për brezin tim, atë që bëri gjimnazin dhe universitetin rreth viteve 80, e thoshte se është një brez në thelb sentimental, ndaj edhe nuk mund të ndërtojë marrëdhënie reale as me të sotmen e as me të ardhmen, brez që nuk bëri hajër as në socializëm, as sot. Unë nuk besoj se brezat domosdoshmërisht karakterizohen nga tipare thellësisht të ndryshme,

Eda

por besoj se ngjarje impakte-mëdha gdhendin tipare që vërtet mund të markojnë dukshëm një brez të tërë. Ate sentimentalizmin unë besoj se brezi im e ka, dhe nuk e shoh domosdoshmërisht si tipar negativ. Besoj gjithashtu se tipike për ne, ka qenë ideja e ngulitur se puna të bën njeri; pavarësisht nëse puna të pëlqente apo jo, pavarësisht nga sa të vlershme e shihje. Është për ne edhe sot pjesë instinktive e qenies, e paanalizueshme dhe e pakthyeshme.

Ndoshta ky tipar më duket si një gen fatlum që mund të ta kaloj. Të kam treguar shpesh se, edhe ç'ka më është dukur idiotësi kur e kam mësuar e më ka lodhur, më ka hyrë në punë diku e dikur. Nuk të kam shtyrë të më besosh, sepse në mosha të caktuara kjo ide tingëllon absurde, e di. Por ta kam thënë sa kam mundur, si behavior-iste e zellshme që jam. Megjithatë, të them edhe se respektoj shumë këmbënguljen tënde qe, ate që bën, ta pëlqesh para se ta bësh dhe jo pasi e sepse duhet ta bësh. Unë punët e mia i kam bërë mirë, por ende sot ëndërr kam ate që kisha dikur, të drejtoj filma. Dhe e di se, sikur të mund të lirohem ndonjëherë nga punët, ajo do ishte shkolla e parë që do rinisja, edhe sikur të isha 62 vjeç apo plakë mbi shkop. Ndërsa ti ndjek pa trazim pasionet e tua dhe kalon pa dert, fjala vjen, nga piktura, në infermieri. Dhe ato që bën, i do vërtet, ndaj i bën. Më pëlqen për këtë dhe nuk të gjykoj siç gjykon ai djaloshi brezin tim.

Dua të besoj se unë nuk kisha zgjidhje tjetër veç punës si vlerë në vetvete në atë marrinë e 26-vjetëshit

tim, se bota ime ishte e ashpër dhe vendi im prej guri.
Dhe kështu mësova të jem siç jam. Por s'jam e sigurtë
që kjo është mënyra më e mirë e të qenit. 26 vjetët e
tu, për fat, kanë qenë ndryshe. Ti bën gjithçka me një
lloj ngeje të bukur, pa shumë presione e dilema... aq
të zakonshme për mua; dhe je buzëqeshur, më shumë
se qeshë unë ndonjëherë. Ti je paqesore, ndërsa unë
luftëtare... Une luftoj fort për gjithçka, sepse duhet ta
fitoj që ta dua.'

Shkrimet e poezitë e Edës mua më dhëmbin. I ndjej në çdo qelizë, në çdo pore, megjithëse mund të mendoj ndryshe. Së pari, sepse pak a shumë morëm të njëjtën rrugë në jetë dhe i takojmë të njëjtit brez. Së dyti, sepse Eda është mjeshtre e shqipes dhe përpara saj unë ndihem nxënëse.

Eda jeton e punon prej shumë vitesh në Shtetet e Bashkuara të Amerikës, por mbetet deri në palcë e angazhuar me çfarë ndodh në Shqipëri e në rajon. Eda nuk i shmanget debatit. Shkrimet e saj kryesisht të botuara në shqip në Internet, por edhe në gazeta e revista serioze trajtojnë shumë probleme shoqërore, kulturore dhe politike. Mbi gjithçka ato frymojnë liri dhe emancipim. Ja si shprehet ajo në lidhje me lirinë e të qënit e përveçme:

'Fëmijë, viti 1975, Shkolla e Kuqe, në Tiranë. Isha
nxënëse dhe pioniere model e për t'u pirë në kupë.
E pasigurtë, me shumë frikëra. Në shtëpi thuheshin
gjithë të zezat për Enver Hoxhën. Në shkollë isha
komandante çete. Recitoja, merrja pjesë nëpër
konkurse, visheha bukur me rreckat që ne i quanim
të bukura atëherë. Isha gocë zyshe, që s'ishte pak. E

Eda

shikoja botën në mënyrë më komplekse se shumë shokë të mijtë, dhe po ashtu, kisha kaluar probleme që shumë fëmijë ende nuk i kishin njohur e nuk do t'i njihnin kurrë. I kuptoja njerëzit dhe kisha ndjeshmëri shumë të pjekura për moshën. Ndoshta kjo isha gjëja më e veçante që kisha.

Para 20 vitesh isha 32 vjeç. 1995. Kisha aplikuar për një Masters në një universitet amerikan. Isha në Siçili. Jetoja me time bijë Adën që ishte 7 vjeç atëherë. E adhuroja Siçilinë por nuk doja të jetoja atje. Kisha shumë miq, por s'isha krenare për asgjë. Punoja fort në tri-katër punë. Doja që ime bijë të kish më të mirën e më të suksesshmen jete të mundshme. Isha vetëm. Jo e ndarë me tim shoq, por realisht e ndarë me të. Kisha të dashur, por asnjë me të cilin doja të kisha një lidhje të vërtetë. Shkurt: nuk e dija ku isha. Isha në tym. Dhe kjo pas një fillimi të mire në Shqipëri nga 1990 deri në 1995 kur punoja si pedagoge në Universitetin e Tiranës dhe mbrojta gjithë sa duhej për të kaluar në mbrojtjen e doktoratës. Jeta ime dhe e shumë të tjerëve që ndoqen këtë linjë shkoi mbrapsh. Jo në eksperienca, thjesht në hapat praktikë e materialë.

Sot. Jam një mendje më vete. Ndër shokë, në universitetin ku jap mësim, në familje, mes komshinjsh, e kudo ma njohin këtë. E di që shpesh kanë thënë se jam e marre. Mjafton të më lenë të jem ajo që jam e të më duan.

Kam qenë gjithnjë e lirë, besoj. Edhe kur dridhesha si purteka në kohën e komunizmit se mos kisha thënë ndonjë gjë që s'duhej ta kisha thënë. Unë u rrita në një familje thellësisht antikomuniste, dhe kjo besoj më bënte më të lirë se të tjerët. Por edhe vuaja më shumë se të tjerët. Babgjyshi im, kur linda, u tha prindërve të mi rebelë se kishin bërë gabim të më vinin emrin pa kuptim 'Eda'. Ai vendosi se për gjithë njerëzit e familjes, miqësisë, lagjes, krushqisë unë do isha Elira. Ndoshta ai ma injektoi mendjen e lirë e dëshirën për të njohur më mirë veten'.

Më Edën jemi ritakuar e rigjetur pas shumë vitesh, gjatë një udhëtimi në Kosovë. Dhe ashtu siç ndodh me ata që besojnë në mrekulli sapo u pamë e shkëmbyen shumë pak fjalë u deshëm fort. E gjitha ndodhi brenda pak çastesh, ndërsa autobuzi i aeroportit në Tirane, përshkonte ato 100 m që të çojnë të avioni. Të qenit me Edën në Prishtinë dhe takimi ynë me miqte e mi të atjeshëm Norën, Astritin e Blerimin, ka qenë një festë e vërtetë. Që prej asaj kohe kudo që të jetë mikja ime une e ndjej intesivisht. Harku kohor midis takimeve tona mbushet me poezi, copëza shkrimesh, mbresa, fotografi, receta gatimi, miqësi e mirëkuptim.

Ndoshta periudha e rritjes sonë e bënte shokun një lloj institucioni pa të cilin nuk jetoje dot. Unë vazhdoj të jem ashtu. Kam shokë në gjithë botën, por shokët e Mesdheut janë shokët e mi më të mirë. Në Amerike kam plot. Shkoj shumë mirë, por nuk ngjis si me ata të vjetrit... Ka një vend të pandërrueshëm në zemrën time për miqtë dhe për ta bëj çfarë duhet pa u menduar fort. Disa standarde për miqesinë janë ngurtësuar që në rininë e hershme, dhe kanë brenda edhe elemente romanticiste, edhe kanunore edhe folklorike... ideja ime e mikut është gati kavaliereske, por jam e bindur që nuk është aspak e keqe.

Po mirë a ndodh që disa miqësi të zbehen dhe të mos i përgjigjen më kohës? Aq më tepër sepse ti nuk beson që edhe një ditë e vetme kalon pa ndryshuar diçka brenda e jashtë nesh.

Identitetin unë e kuptoj si ate gjënë komplekse e të lëngshme që është secili, dhe që vjen pikërisht prej llojeve të ditëve, ngjarjeve, miqve, vendit, kohës që jetojmë, aq sa edhe prej vetive fizike e psikologjike intrinsike të personit. të gjitha këto, si dukurite me të cilat krenohemi (psh afërsia me librin ose artin në fëmijëri), si ato të cilat nuk na pëlqen t'i zëmë me gojë, si nevoja për të rendur pas diçkaje materiale, koinçidenca fatkëqia, trauma të vegjëlisë, na bëjnë çfarë jemi dhe përcaktojnë identitetin tonë si diçka që s'ngjan me asgjë tjetër dhe përbën të vetmen gjë që ccdo individ lë pas në gjithësinë shoqerore në formë kujtimesh e ndikimesh.

Afërsia më nonën time tiranase në fëmijëri është diçka që unë nuk e dija se kish ndikuar shumë tek unë, por, sa më shumë kohë kalon, aq më fort e ndiej sa fort është ajo ende e pranishme tek unë.

Nuk duhet të jetë rastësi që shumë nga mikeshat e mia dinë të jetojnë kaq intensivisht. Albina, Eda dhe Irisi, të tre mikeshat moshatare në këtë libër dinë ta gëzojnë jetën, në një kohë që mua më duket se shumë ngjarje të rëndësishme më trondisin tërthorazi, shpesh jo atëherë kur ndodhin dhe shpesh herë e kap veten ne një tjeter realitet. Dhe ndoshta ngaqë jam e vetëdijshme për këtë mungësë në komunikim, miqtë i kërkoj me këmbë në tokë.

Ndoshta karakteristika më e fuqishme që kam është që jepem totalisht në atë që bëj: mund të jem duke kërcyer, duke u larë në det, mund të kem rënë në dashuri, mund të jem duke studiuar për një provim, mund të jem duke vrapuar, mund të jem duke gatuar një pulë tagine... unë jam 200% në atë gjënë që po bëj dhe sakën të më prekësh për të më penguar në atë moment se në atë pikë mund të te nxjerr sytë. Në fakt, nuk besoj kjo ka lidhje me formimin apo me racionalitetin tim. Kjo është thjesht uni, 'ego-ja' ime sipas Jung-ut që ka kohë që është në një paqe dinamike me 'self-in' tim. Por sfida në këte marrëdhënie është e përhershme. Shpesh e kap veten mat, dhe efektin e surprizës e nxjerr me verë.

Unë i dua shumë njerëzit, dhe për fat, kam takuar gjithnjë njerëz të mrekullueshëm. Kur dëgjoj që thonë sa e keqe është bota, s'e kam idenë për çfarë flitet. Se bota ime ka qenë e ashpër, por edhe fantastike. Bota në përgjithësi, në kuptimin politik të fjalës, është e padrejtë.

Ajo që konsideroj të rendesishme është të pasurit e dinjitetit. Kjo është vlera sipërore për mua. Ndaj, kur e shkel them 'më fal'. Sepse keshtu ve ne vend edhe dinjitetit tim dhe mund të jem perseri vetja. Unë jam një lloj njeriu që entuziazmohem fort, dhe nga një herë më shumë se duhet, dhe parimi i respektit për veten dhe për tjetrin, sido e kushdo qofte tjetri, më mbron e më jep siguri.

Kanë rëndësi për mua të gjithë njerëzit që dua, sidomos dy vajzat e mia. Unë dua t'u kaloj atyre gjithë ghjërat që kam bërë mirë në jetë, dhe t'u shpjegoj gjithë prapësite e budallallëqet që kam bërë. Ka rëndësi shumë kjo. Unë s'besoj në legasinë e shkrimeve. Ndaj edhe nuk shkruaj aq sa dua dhe sa më thonë se duhet të shkruaja. Unë besoj në legasinë e kujtimit dhe shembullit që lemë tek fëmijët, miqtë, fqinjët, kolegët, kushërinjtë.

Jam krejtësisht e marrë per familjen time: i dua dhe kujdesem shumë. Im shoq më thotë që duhet t'u bëhem mama të gjithëve. Ndoshta është ashtu. U gatuaj shumë, laj e pastroj, duhet t'u them si të hanë në tavolinë, nuk I lë të pinë lëngje me sheqer të shtuar, duhet t'i shtyj të lexojnë, dhe sidomos duhet t'i puth e t'i përqafoj pa pushim. Ndoshta ka lidhje edhe me traditën në familjen time ku njerëzit ishin shumë të lidhur, ndoshta më shumë se duhet, se këtu kufiri mes dashurisë dhe abuzimit nis e mjegullohet. Po burri im dhe vajzat e mia ma duan këte lloj 'abuzimi' sido që edhe qellon që ankohen. Por ankohen 'me dashuri'.

Nëse do mund të lindja fëmijë përherë, pavarësisht nga mosha, dhe më çdo burrë që dua fort, ky do kish qenë një ideal femëror për mua. Ai do më bënte përtej të lumtur. Por unë jam një njeri që e ka përjetuar shpesh lumturinë dhe jetoj pa pishmanllëqe. 'Te pjellët' për mua është një akt i shenjte dhe unë I përulem çdo çasti që nga momenti kur në fillim fare digjesh të kesh një fëmijë me njeriun që dashuron deri kur i ulëret në fytyrë sat bije që të vere ne vend rrobat e veta para se të arrijnë miqte për darkë.

Ndihem thellësisht, katërcipërisht, brendësisht, e formalisht shqiptare. Dhe ndihem po aq amerikane, italiane, franceze, gjermane... dhe, po të më lejonin ata që denjësisht janë, do doja të isha po aq afrikane, australiane, aziatike etj. Nëse ka një vend që mund të zgjedh dhe produkt i të cilit ta ndiej veten, Shqipëria mund ta kryejë ate funksion fare mirë. Unë nuk jam dakord se ka vende ku nuk jetohet. Njeriu gjen mënyra të jetojë kudo,... deri sa e shtypin. Kohëzgjatja para se të te shtypin ndryshon nga vendi në vend. Por po s'te shtypën në kohë, vdes vetiu...

Dhe ndihem mirë kudo. Qyteti I madh më pëlqen shumë dhe shkrihem kur endem pa punë, ose kur i bëj vetes një plan-listë me 17 aktivitete në ditë. Por më pëlqen edhe qendra pa asnjë tipar turistik. Besoj atje njihet më mirë bota dhe jetohet më mirë realiteti. Nuk mund të jesh qytetare e 'fshatit global' pa qenë qytetare e 'fshatit' së pari. Kur vij në Shqipëri udhëtoj shumë (e vë re që them 'vij' për Shqipërinë? Kjo do të thote që unë pjesërisht ndihem gjithnjë aty.), sidomos nëpër fshatra. Kjo s'më bën aspak më pak europiane, mendoj. Kudo që të jetoj, Unë kam nevojë të kem një marrëdhënie fizike me tokën dhe baltën: dua kopshtin tim, lulet e mia, erëzat e oborrit tim, hardhinë time.

Kur ëndërroj dua shumë të jetoj në majë të malit; të kem det nën vete, por jo shumë në afërsi; nuk dua vilë me salltanete, dua një shtëpi të vogël me shumë dritë, dhe në një largësi rreth 20 minuta nga një fshat dhe rreth një orë nga një qytet. Dua të kem ujë dhe internet atje ku jetoj. Në Shqipëri ose në Siçili do doja të ngrysesha duke punuar. Do më vinin shumë miq. Kjo është ëndrra ime e vogël për vendin e pleqerisë sime. Kur të vijë ... se jam ende e re.

Ndoshta ja vlen që të ndalemi pak të folja 'vij' që Eda e përdor në lidhje me 'ardhjen' në Shqipëri. Me duket se kjo 'folje', kjo mënyrë të lidhuri e të menduari është në thelbin e marrëdhënies së shumë emigrantëve me vendlindjen. Dhe ndodh shpesh që edhe unë ta përdor, ta lexoj e ta dëgjoj edhe nga miq të tjerë që nuk jetojnë në Shqipëri, që i referohen levizjen së tyre si 'ardhje' jo si 'shkuarje'. A thua se ne si spektatorë nga ana tjetër e kufirit, e portës, nga brenda, shohim vetveten tek zbret nga avioni apo trageti, të ngarkuar me rraqe e me dhurata, kapur duarsh nga fëmijë që flasin lirisht dygjuhë, disi të kujdesshëm, disi nervozë, duke ndjerë çdo hap që bëjmë përpara, e duke mos ditur mirë se si ta shprehim gëzimin e mallin – ne në të dy anët e portës duke përshëndetur vetveten. Në këte rast folja 'vij' bashkon unin tonë të ndarë në dysh

A nuk është e bukur, e dhimbshme, por edhe e sfiduar ajo shprehja: 'guri i rëndë në vend të vet!' Them kështu sepse e di që gjithë ata 'gurë' që ndërruan vend, me dashje apo pa dashje, e ridefinuan dhe e pasuruan kuptimin e vendit dhe kuptimin e botës. Ballafaqimi dhe përplasja është zhvillim. Ndoshta prandaj Eda vazhdon e drejtohet së bijës me këto fjalë:

'Ka një kënd ku ndihem më e qete kur mendoj për ty: ti je e lirë psikologjikisht dhe fizikisht të marrësh drejtimin që do, të ndjekësh shkollën që do, të prishësh e rindërtosh jo se s'ke rrugë tjetër, por se ke shumë rrugë të tjera, të gjitha joshëse e të provueshme. Unë nuk isha e lirë kur isha 26 vjeç, dhe shumica e moshatarëve të tu në Tiranë nuk janë as sot. Brezi im në Shqipëri ende përpiqet të mbajë kokën mbi ujë, e të nxjerrë në breg të thatë brezin që vjen pas. Kur mendoj ata, lehtësohem për ty; kur shoh prindërit në Shqipëri që luftojnë të kryqezuar t'u hapin rrugë fëmijëve të vet, t'u japin shkolla nëpër bote me sa munden, t'i sajojnë që të kenë hapësirën e domosdoshme që Shqipëria ende ua mohon qytetarëve të vet, them se, në mos shumë, një të mirë të madhe ikja jonë e marrë e atëhershme e ka sjellë. Kjo më kujton një feministe radikale që paqshëm i thoshte një grupi feministesh të sotme: 'ne luftuam që ju sot të mund të përdorni Botox'. Dhe vetiu buzëqesh. Dhe dua që edhe ti të buzëqeshësh, duke e ditur se ke me vete lirinë, që mrekullinë që ke brenda, t'ia japësh botës ... për 260 vjetët që vijnë.'

Sa e si je e lidhur me letërsinë dhe me edukimin?
Në mënyrë shumë të ngatërruar. Mbaj mend në

Shqipëri që gjithçka 'të mirë' që dilte, duhet ta lexonim, ta shikonim, ta dëgjonim. Jeta ime në këte kuptim ka ndryshuar shumë. E para, gjërat e mira nuk janë me pikatore sic ishin në kohën kur jetonim në Shqipëri; e dyta, unë nuk do mbaja dot punën nëse do lexoja ose ndiqja gjithçka kulturore që do doja. Mësimdhënia është e lodhshme dhe sidomos kohëmarrëse. Dhe puna shkencore të lidh me një literaturë qe, të pëlqen apo jo, duhet ta ndjekësh. Nuk kam kohë të lexoj më gjëra të bukura. Dhe unë besoj në vlerën e atij leximi jo veç si relaksim. Kam aq pak kohë... dua edhe të shkruaj dhe s'mundem. Bëj punën, dhe lexoj lajme. Më pak kohë i lë letërsisë dhe arteve... I them gjithnjë vetes se, sa të dal në pension, do merrem me çfarë më ka ngelur pa bërë. Ndoshta gënjej veten.

Më pëlqen shumë edhe Amerika edhe burri im amerikan. Jerry nuk është amerikan tipik në disa kuptime. Por ama është i ndershëm, i thjeshte dhe direkt si shumë amerikanë të Midwest-it. Dhe unë ia dua shumë këto cilësi. Për të tjerat ka një mendje shumë të hollë, instinkt perfekt gjuhëtari (në mënyrën si analizon fjalën dhe tekstin ose si i ndërton shakatë me njëzet kate gjuhësore). Por ndryshe nga amerikani tipik ka shumë dëshirë të lëvizë, është shumë kritik ndaj vendit të vet, është leftist (i majtë) natyral, ka studiuar rreth 15 gjuhë të ndryshme, dhe lexon gjithçka me gërma. Por ka ca gjëra që janë sekreti që një tip si unë ka njëzet vjet që rri me të: ka shpirt shumë të mirë, di të thurë ëndrra të bukura sido që tani po plaket, më do mua fort që të më lejojë 'ojna' dhe kapriço dhe më bën të qesh. Edhe një gjë që e dallon nga shumica e burave shqiptarë: verbalizon mirë ndjenjat e veta dhe dashurinë për mua. Më shkruan gjate dhe qartë, ma thote me fjalë, me poezi, me letra që më do. Kam dashur edhe burra të tjerë të mrekullueshëm, por nuk e kanë këtë veti të bukur. Unë nuk besoj që burri duhet të ndiejë e të mos flasë e të te thote sa të do, sepse kështu i ka hije më shumë burrit. Mua më vret kur s'ma thua çfarë e si ndjen për mua. Ndoshta është tipar personal i imi, por unë e bëj këte për tjetrin dhe dua ta bëjë edhe ai për mua. Shkurt, burrin e dua me gojë, dhe këte im shoq e plotëson për bukuri.

Për mua fjala është jetë: e përtyp, e analizoj, e përthyej, e krijoj, e shtrydh, e puth, bie në dashuri, më vret, e jetoj, më bën, por kam frikë ta përkthej. Fjalën e kam Zot. Nuk kam një profesion të përcaktuar veç mësimdhënies, por nëse ka një shkencë me të cilën studimet e mia do lidheshin, ajo është gjuhësia. Normalisht kur më pyesin se çfarë jam, them ose mësuese ose gjuhëtare; për shkencën them, sociolinguistikë. Besoj se të studiuarit e shkencave gjuhësore më ka bërë shumë të ndjeshme ndaj fjalës. Ka raste kur shoh më shumë se duhet ndoshta. Ka qëlluar që miq të afërt (pak, por sidoqoftë, njerëz të mençur) më kanë thënë që ndodh të mbianalizoj tekstin. Deformim profesional që më pëlqen më shumë se sa të mos mundja të vija në lidhje tekstualitete gjuhësore, politike e kulturore që më mbajnë gjallë (se më japin rrogë, por kryesisht se më bëjnë të jetoj ditët me qejf dhe vetëdijë gjuhësore).

Nona ime, mamaja e tim eti, është një njeri që, sido që ka vdekur kur isha 23 vjeç, mbetet me mua vazhdimisht. Nuk i ngjaj, besoj, por është një figurë që në formë fjalësh, erërash apo copash kujtimesh më shfaqet çdo ditë. Ishte si gjëja e madhe që më ka munguar në jetë dhe ambient: zonjëllëk, butësi, përulje, ëmbëlsi, bindje, shërbim, zemër dhe sakrificë... por jo secila prej tyre, por të gjitha bashkë. Nona ime ishte krejt pa shkollë, dhe ndoshta me mungesën e asaj që unë quaj liri, dhe me mungesën totale të aftësisë për rrebelim, përbën polin e kundërt të gruas që do doja të isha. E prapë, s'besoj të kem njeri që e kam menduar më shumë ditë sesa atë.

Siç them më lart, familja ime e re dhe ajo e Shqipërisë janë themelore për mua. Disa mësues gjimnazi janë të veçantë për mua. Sakrifica e pafund dhe e përditshme e time mëje dhe tim eti për fëmijët e vet janë po ashtu themelorë në lirinë që unë kam pasur kur isha e re. Më kishin lënë krejt të lirë nga detyrimet familjare që normalisht vajzat shqiptare duhet të kryenin. Bënin gjithçka gati për ne që të merreshim me shkollë e me kulturë.

Vajzat e mia më kanë marrë plot dite e netë, por më kanë dhënë shumë më tepër gëzim dhe eksperiencë se sa më kanë marrë kohë. Im shoq më ka plotësuar qejfe e ëndrra që më kanë bërë të lirë të jem vetja ime.

Ëndrrat konkrete kanë ndryshuar pa dyshim. Nuk e kam më ëndërr të dal jashtë shtetit siç ëndërroja dikur. Do kisha dashur shumë të bëhesha regjisore filmi. Ndoshta nis shkollën për këtë pasi të kem dalë në pension. Edhe sikur të mos bëj filma, dua të studioj regjisurë filmike. Filmin e dua shumë, dhe besoj ia njoh mirë gjuhën. Ngaqë babi ka qenë kameraman, ndoshta afërsia fizike me kameran dhe filmin dhe sidomos ëndrra që thuret me këtë dimension kaq fantastik të te jetuarit simbolik, kanë qenë po aq pa datë për mua sa edhe vetë gjuha.

Nëse shikoj mbrapa, duke u përpjekur të reflektoj për sistemin e kaluar, ndej frikën a atyre kohërave. Kisha gjithnjë frikë nga tjetri, sigurimi, shteti, policia: ditën dhe natën. Ndoshta ngaqë brenda shtëpisë jetohej shumë më ndryshe sesa jashtë shtëpie dhe kishte mospajtim rrënjësor me regjimin. Unë ende s'e kuptoja pse ishim kaq kundër dhe s'kisha formim filozofik, dhe kjo ma bënte më të madhe frikën. Aq sa nga frika e harroja frikën dhe duhet ta harroja se si do jetoja ndryshe. Por kam jetuar mirë, me dashuri dhe me shumë shokë, histori, pushime, variacion. T'u tregosh kalamajve sot se çfarë quaj unë variacion ose qejf, ndoshta s'do jenë hiç dakord me mua, por kjo është relative. Rëndësi ka si ndihet jeta. Unë kam qenë dhe mbetem kundërshtare dhe mosmirënjohëse (në kuptimin më literal të kësaj fjale) serioze e regjimit komunist. Nuk e kam dashur kurrë, nuk i shoh anë pozitive, dhe nuk e justifikoj. Është absurde për mua të thuash, 'po vërtet ishte totalitar dhe vriste e dënonte për mendimime, por ama i bëri ca gjëra të mira, shoi analfabetizmin, forcoi shkollat...' Për mua kjo gjuhë është ose hipokrizi ose moskuptim.

Kam pasur ditë shumë të këqia, muaj të vështirë, por jo kohëra. I dua ditët e mia të këqia, edhe më të këqiat. Më kanë mësuar shumë, sido që më bëjnë të trishtohem rrallëherë. Kam qenë shpesh vetëm. Kam pasur frikë. Besoj se i kam kaluar frikërat themelore jetësore.

Ndoshta vdekja mbetet një sfidë. Më duket sikur jam në paqe me vdekjen, por s'jam e sigurtë. Kam frikë se është e pafund. Pafundi më tremb. Por besoj se s'mund të flasësh për paqe me vdekjen kur ajo ende s'të ka rrezikuar. Se sa trime apo racionale je, duket kur e ke vdekjen përballë dhe jo kur je e shëndetshme.

Kam jetuar për 26 vjet në Shqipëri, për pesë vjet në Itali, dhe 21 në SHBA. Ngaqë i kam jetuar intensivisht dhe me dëshirë për të marrë e për të dhënë maksimalisht me shoqëritë e mia, më duket sikur të gjitha pjesët janë të barabarta. Jam shumë rehat në këto tri vende, si në shtëpinë time. I dua të tri vendet dhe jam shumë kritike ndaj tyre, siç je e ndershme fare pa merak me qenie shumë të afërta që s'ta marrin për keq. Por unë mbetem thellësisht shqiptare sado që të jetoj larg saj. Ndoshta Për Shqipërinë shkruaj më shumë se për gjithçka tjetër, Shqipëria më emocionon më thellësisht, më trazon shumë. S'e di veçantinë e lidhjes sime me Shqipërinë. Ndoshta ngaqë është i pari vend ku njoha botën dhe veten, ndoshta ngaqë personaliteti im mban vulën e saj ose ka afinitetet të veçanta me të, edhe këto gjithsesi të lidhura të dyja.

Dua një Shqipëri ku të kish punë për njerëz të ndershëm e profesioniste të cilët me dëshirë zgjidhnin të jetonin e të shtoheshin aty dhe jo diku tjetër. Shqipëri pa korrupsion ku kuzhinieri apo infermieri as nuk mbeteshin pa punë dhe as gjenin punë pas zgjedhjeve politike; një Shqipëri ku ndoshta vendin e punës nuk e merrte më e mira e mundshme, por ku ajo që zinte vendin e punës kish aftësi të mjaftueshme për ta bërë mirë atë punë, një Shqipëri me dije dhe dinjitet.

E lexova gjithë kureshtje esenë tënde "Me Zot, pa Zot' dhe meqënëse nuk i frigohesh kësaj teme, le të flasim pak për çështjen e besimit. Ne u rritëm në një shoqëri e cila nuk i la vend fesë dhe besimit, ku kishat o u rrafshuan me tokën o u kthyen në pallate sporti e qendra rinie. Ky ishte një nga privacionet e atyre viteve që e ndrydhi edhe me shumë identetin tonë. Po të dyshoje tek direktiva, që fëmijë duhet të kishe dy fytyra: një brenda shtëpisë dhe një jashtë saj. Atëherë çfarë buselle morale kemi pasur? Si mundëm të mbetemi vetja në diktature dhe në vitet e mundimshme të tranzicionit? Si e ke përjetuar ti mungesën e urdhëruar të besimit, mohimin e Zotit, dhe rigjetjen e tij? Sa i fuqishëm ka qënë besimi në formimin e shpalosjen e personalitetit? Si lidhesh dhe çfare mendon për këtë çështje sot?

Kam shkruar për marrëdhënien time me Zotin... e kam të ngatërruar. Ajo që besoj është se në faza të ndryshme të jetës, të gjithë kalojmë nga një pozicion në tjetrin në raport me hyjnoren, duke kërkuar zgjidhje për problemet që kemi.... Ashtu si u rrit brezi yne, zor të besosh. Ne u bëmë në erën e mungesës totale të diskursit teologjik, shpesh qofte edhe të atij me veten, një boshllëk që ulërin dhunë mbi zhvillimin e natyrshëm njerëzor; dekada e viteve 70 është dekadë vendimtare në formësimin tonë, dhe ajo dekadë është e shenjuar nga deformimi. Megjithate mungesa e kontaktit me fenë, nuk më duket se më ketë dëmtuar. Gjithçka që di dhe mësoj për ditë, më bën të ndihem gjithnjë e më e sigurte për distancimin prej fesë, e jo fort e sigurte për shtytjen pa kushte të idesë së Zotit. Një ndër filozofët më të njohur kristianë në rrethet akademike të ShBA-se, Alvin Plantinga, mendon se, nëse kur ishte student, nuk do kish lëvizur nga Harvardi për në një universitet kalvinist, zor të kish ngelur kristian sot. Pa dyshim, shkolla dhe ambienti ku rritemi na ndikojnë në mënyra të ndryshme, por jo detyrimisht të drejtpërdrejta.

Ajo që më shqetëson është se ne si shqiptare nuk meditojmë sa duhet, nuk veme ne pikpyetje veten dhe sjelljet tona aq sa duhet, për shumë çështje të jetës. Pa dyshim rikonsiderimi i lidhjeve me Zotin, jashtë kornizave të fesë, do ishte ndër më fatlumet shpenzime energjish që do kryenim, cilido qofte rezultati i tyre. Por jam e ndërgjegjshme se, jashtë kornizave të fesë, kjo lloj marrëdhënieje e individëve të pafe, është utopike në çfarëdolloj shoqërie reale. Përveçse po të besonim në 'sensus divinitatis' që e beson edhe Plantinga, ose sensin e divinitetit me të cilin lindin brenda vetes të gjitha qeniet njerëzore. Ai i quan tipat si ne, qenie të cilave nuk u funksionon si duhet ky atribut njerëzor.

Nëse më duhet të jap një përgjigje të thjeshtë, ajo është 'nuk besoj'. Vajzat e mia janë të dyja ateiste. Thonë që janë të tilla prej meje. Por me kalimin e kohës më janë ngatërruar idete dhe s'jam më aq 'e qartë dhe e palëkundur' sa isha. Shpirti im revolucionar është lakuar. Ka momente që s'dua të luftoj, por të prehem, e kjo do të thote që unë nuk jam me unë.
Besoj tek njeriu. Bota është e mbushur me njerëz të mrekullueshëm. Unë i dua shumë njerëzit dhe besoj shumë tek ata. Potencialisht, edhe tek njerëzit me histori dëmprurëse.

A mund të më thuash edhe se çfarë mendon në lidhje me të qënit Europianë? Për mua çështja e besimit edhe këtu ka vlerë nese kemi parasysh që në themelet e konstitutimit të shtetit dhe të së drejtës së shumë vendeve të Europes komunitare, të cilës shqiptarët aspirojne ti bashkohen, është feja. Shqiptarët që për disa dekada në diktaturë, u detyruan shtetërisht të ishin në armiqësi me besimin fetar, sot konsiderohen nga burra shtetesh, presidente e kryeministra, akademikë,

shkrimtarë e gazetarë me zë, edhe si 'myslimanë të mirë', por edhe si 'fondamentaliste'. Bashkëkzistenca jo problematike e besimeve fetare në Shqipëri është parë si defekt, si dobësi, si mangësi, si mungesë e tabanit europian dhe e aftësisë shtetformuese dhe jo si cilësi e veçantë e një populli relativisht të vogël në numër që falë përshtatjes e tolerancës ndërvete nuk u asimilua për gjatë shekujve as nga osmanët dhe as nga fqinjët. Si e mendon këtë punë?

Mendimi im është joinstitucional, madje antiinstitucional, siç e kam për nder të jem. Europa dhe feja e krishterë kanë një lidhje të papastër me një të shkuar shumë problematike, shpesh imorale, dhe për të cilën mendoj se u vjen disi turp të dy palëve. Ndaj nuk para kanë qejf ta diskutojnë, dhe e përmendin më shumë të djathtët se sa të majtët, por si ideologji e ndajnë dhe e mbllaçisin të dy palët. Idealet bashkëkohore të Bashkimit Europian bazuar në tolerancën dhe diversitetin, nëse do vështrohej sjellja e shkuar dhe e sotme e saj lidhur me fenë, persekutimi i padrejte i Turqisë në këte temë, dhe islamofobia kulturore e qytetarëve, do ishin ideale boshe dhe një hipokrizi e pastër. Unë dua t'i shoh këto ideale të shkruara, jo si hipokrizi por si kolona drejt të cilave duhet të lidhemi e të bashkohemi, dhe uroj që mendja konservatore e burrave europianë që gatuajnë ideologjite e BE-së t'i shohë po kështu. Më bezdis injoranca europiane lidhur me fenë shqiptare si kur na konsiderojnë muslimanë të skajshëm, si kur na marrin për vizionarë të harmonisë moderne njerëzore dhe model të së ardhmes. Por kur më thonë se në Shqipëri shumica janë muslimanë, u them 'po, ashtu është. Unë jam një prej tyre.' Dhe atëherë rrotullojnë syte në konfuzion total, sepse këtu normalisht muhabeti vjen pas gotës së trete të verës. Nuk besoj në shitjen e paqes sonë fetare si model, sepse ajo ka qenë kushtëzuar nga faktorë të pariprodhueshëm ose të papërsëritshëm në vende të tjera. Besoj që shqiptarët duhet të lihen të pasforcuar në zgjedhjen e feve që kanë dëshirë të kenë (ose të mos kenë) pas një periudhe të gjate abuzimi zgjedhjesh individuale të lira. Unë nuk do ndryshoja as një qime veç për të hyrë në Europë. Gjërat duhen ndryshuar sepse duhet rritur edukimi dhe mirëqenia e njerëzve dhe jo sepse duhet të hyjmë në Europë. Unë pjesën tonë fetare ose jo, dhe specifikat e saj, do refuzoja krejt t'i diskutoja apo t'ua shpjegoja atyre që ose s'kuptojnë ose nuk duan të kuptojnë. Shkurt, sepse nuk është puna e tyre dhe as lidhet me hyrjen në Europë. (Ose nuk duhet të lidhet.)

Ndoshta një dite normale dhe pa stres të veçante do doja të përshkruaja e ta quaja një ditë të javës. Zgjohem dhe e dua kafenë të ma bëjë Jerry: një ekspresso brenda një filxhani të mesëm me qumësht. Pastaj ose e pi duke lexuar, ose duke bërë muhabet me Jerryn ose duke parë pemët apo çfarë ndodh përtej dritareve të gjera në oborrin tim. Rri ashtu pa aktivitet të veçantë fizik për nja 15 minuta. I bëj drekën për shkollë sime bije, që normalisht përfshin gatim të shkurtër. Përgatitem për

Eda

leksione. Bëj banjë e nisem për në mësim. Veç orëve të mësimit nuk rri më shumë se dy-tri orë të tjera në zyrë. Unë nuk e dua as zyrën e as bibliotekën; më pëlqen të punoj nga shtëpia ime ose nga një kafene, dhe për fat punët i kam pasur shumë të lira në këte drejtim. Dreka është e parëndësishme për mua: nëse jam në shtëpi ha një sallate të mirë e të përzierë; përdor shumë djathë, perime e fruta. Pastaj merrem me time bijë që duhet të shkojë nëpër destinacionet extra-kurrikulare të vetat. Pastaj punoj prapë ose bëj pazaret e ditës me tim shoq. Kur ai gatuan darkën që është normalisht e gjate dhe komplekse, unë punoj dhe pi pak verë. Pastaj marrim Larën nga baleti dhe ulemi të gjithë në tryezë, kur Lara nuk del vonë. Hamë në orare jo-europianojugore, rreth orës 7:30 të mbrëmjes. Pi verë të kuqe thuajse çdo natë. Pastaj punoj prapë. Nëse Jerry ka gjetur ndonjë film të mirë (nga ndonjë vend emrin e të cilit e kam dëgjuar shumë rrallë), ulem me të për nja 1 orë e 30 minuta para ekranit. Shoh TV për rreth dy orë në çdo tri ditë. Fle vonë, pak dhe keq. Kam gjumë të lehtë. Një gjumë i bollshëm i imi nuk shkon kurrë më shumë se 6 orë. Punoj prapë në shtrat derisa më ze gjumi. Shoh shumë shpesh emailin dhe kam maninë t'i përgjigjem çdo mesazhi dhe sapo e marr. Nuk i kam fort qejf rrjetet sociale virtuale, dhe nuk i përdor për shprehje apo mobilizim shoqëror ose politik. Lexoj më pak se duhet letërsi nga ajo që lexohet për qejf se më merr gjithë kohën letërsia shkencore që sipas meje jep një kënaqesi më sipërfaqesore dhe utilitare.

Pastaj fle me disa zgjime natën gjate të cilave ndjek emailin. Skype me prindët në Tiranë gati çdo ditç dhe flas një ose dy herë në ditë në telefon me time bijë të madhen në Chicago. Në pranverë, verë dhe vjeshte merrem shumë me kopshtin, lulet dhe hardhinë që kam mbjellë vetë.

Nëse do të doja të ndaja edhe diçka tjetër me lexuesit, dua të ndaj disa filma që më kanë prekur dhe ndikuar dhe që i shoh prapë sido që i njoh mirë: 'Hajdutë biçikletash' i De Sica-s 1948, 'Roma città aperta' i Rossellinit 1945, 'Mamma Roma' i Pasolinit 1962, 'Amarcord' i Felinit 1973 dhe 'One flew over the Cuckoo's nest' e Milos Forman 1975. I dua se të gjithë shprehin tensionet violente midis njerëzillëkut dhe lirisë si ideale të pashuara të individit, dhe honeve të errëta ku njeriu përfundon në sisteme morale e politike të deformuara.

I dhjeti 'në bronx'

TË NDERUAR LEXUES, JU KENI *patur mundësi të lexoni nëntë intervista të miqve të mi. Në mbyllje, ky kapitull mund të titullohet 'I dhjeti në bronx'. Ai i kushtohet "të munguarit" dhe për ketë mora shkas nga titulli i filmit 'I teti në bronx', realizim i Kinostudios 'Shqipëria e Re' në vitin 1970, me rregjisor Viktor Gjikën dhe skenar të Dritëro Agollit.*

Brezi im e kujton këtë film që trajton temën e Luftës Nacional-Çlirimtare, ku nderohet nga bashkëluftëtarët heroi 'në bronx', ose 'i munguari'. Por ne, atëherë fëmijë, aq sa na bënte përshtypje figura heroike e 'të tetit', Ibrahim Kovaçit dhe e shtatë shokëve të tij, po aq na bënte përshtypje, në mos edhe me shumë, figura e Sali Protopapës, rolin e të cilit e luante aktori Pirro Mani. Për ne, në ato kohëra, Saliu ishte personifikim i të keqit, i ballistit, apo 'i antagonistit', po ti referohem një formulimi të zbutur të Wikipedias sot. Ai, beu, bënte ligjin në shtëpitë e fshatarëve, therrte desh, si të donte të thoshte se të gjithë i kishte nën tehun e hanxharit, dhe bashkëpunonte me armikun pushtues. Njerëzit e fshatit i druheshin e ja kishin frikën beut prepotent, dhe nuk e donin, madje e përqeshnin dhe e sfidonin atë, gje që na kujtohet nga loja e mrekulluesme e aktorit të njohur Kadri Roshi. Ndoshta ishte loja e mirë e aktorëve, konflikti plot dramacitet, ndoshta ishte karikaturizimi i një kundërshtari politik, të cilin ne nuk kishim pasur mundësi ta njihnim personalisht, por personazhi Protopapa nuk mund të harrohej lehtë, dhe ne fëmijët e dikurshëm, ndër vite, edhe kur ishim rritur, shpesh i përmendnim batutat e tij me desh e kakardhi.

Protopapa thuhej ishte pjellë e fantazisë së shkrimtarit Dritëro Agolli, të cilin e kishte intriguar emri 'i lashtë' i fshatit Protopapë të Korçës, një zonë që gjatë Luftës kishte nxjerrë si komunistë, ashtu edhe ballistë. Por ja kohët ndërruan, erdh demokracia, dhe në shtypin shqiptar u botuan disa artikuj për Sejfi (Sali) Protopapën, i cili paskësh ekzistuar vërtetë. Me 1991, pas shumë vitesh në mërgim, Sejfi Protopapa u kthye në Shqipëri për të takuar familjen, motrat e vëllain që ishin të persekutuar, dhe i shkoi për vizitë në shtëpi shkrimtarit Agolli. Protopapa vërtetë kishte luftuar me Ballin si komandant çete diku midis Roskovecit e Beratit dhe ishte detyruar të linte vendin në 1944 kur erdhën në pushtet komunistët, por ai nuk e dinte që ishte me aq famë (të keqe) në vendlindje dhe nuk dinte as atë që dinte Agolli. Pas daljes së filmit, nga fshati Protopapë i Korçës niseshin rregullisht letra për në Komitetin Qëndror të Partisë. 'Mbaj mend' - thotë Dritëro Agolli në një intervistë me Gazetën Shqiptare - 'qe ishte një vajzë e cila dy-tri herë në vit i shkruante Komitetit Qëndror për t'i treguar se historia në libër nuk ishte e vërtete dhe se shtrembërohej historia e fshatit'. Disa njerëz me mbiemer Protopapa madje ndërruan edhe mbiemrin, sepse filluan të shiheshin vëngër nga populli pas daljes së filmit.

I dhjeti 'në bronx'

Ishte apo nuk ishte e vogël sa një grusht Shqipëria? Bëhej apo nuk bëhej lufta e klasave në çdo front? Kishte apo nuk kishte rol letërsia e arti i krijuar asaj kohe -ndaç me hir e ndaç me pahir -për ndriçimin e zbukurimin e heroit dhe përtalljen e denigrimin e antiheroit?

Dhe, që të vazhdojmë me 'antiheroin' tonë: ky i vërteti, domethënë Sejfi Protopapa, ishte djalë avokati. Pasi mbaroi shkollën fillore në Berat dhe studioi më pas në Shkollën Tregtare në Vlorë, shkoi të studionte për financë në Universitetin e Peruxhias, studime të cilat i nderpreu sepse ne 1943 u kthye në vend, 20 vjeç djalë, per të luftuar per Shqipërinë e Shqipetarëve – siç ishte edhe motoja e Ballit Kombëtar gjatë Luftës. Ai e la vendin më 1944, kur pushtetin e morën komunistët. Në Shtetet e Bashkuara të Amerikës u diplomua për fizikë bërthamore dhe punoi në laboratorin e Los Alamos per krijimin e armatimeve me të sofistikuara për kohën, si bomba me hidrogjen, dhe më pas edhe në NASA për komunikimet me rreze lazër. Natyrshëm, Sali Protopapa, kodoshi me mustaqe që u fuste tmerrin fshatarëve të romani 'Komisari Memo' i Agollit dhe më pas në filmin 'I Teti në bronx' sikur nuk përkon gjekundi me këtë antiheroin që u bë specialist i fizikës bërthamore. Thonë që 'gjaku nuk bëhet uje', ashtu siç thone që 'historinë e shkruajnë fitimtarët'. Në këtë rast disi të turbullt të ngjizjes së fantazisë së letërsisë e arteve me të vërtetën, 'heroi' dhe 'antiheroi' sikur i ndërrojnë vendet. Secili ka mënyrën e tij për të tërhequr lexuesin apo teleshikuesin dhe e gjitha kjo në varësi të kohës që është shkruar vepra, të ideologjisë që sundon, dhe të frymës së përgjithshme kolektive.

Por nëse gjithçka qenka kaq relative, si në rastin në fjalë, s'ka përse të mos na tërheqë e të na imponohet për të zenë një vend në ndërgjegjen tonë, pas mësimeve të njëanshme që kemi marrë për dekada me rradhë, pikërisht antiheroi. Shqiptar si ne të gjithë, atdhetar po aq, pozicionuar mbase gabim politikisht 70 e kusur vite më parë, deri tani i munguar në këtë liber. Ashtu siç e kam përmendur, miqte e mi nuk kanë qënë e nuk jane as heroj, as personalitete. Ata jane thjeshtë disa prej nesh. Ata nuk kanë nevoje të ngrihen apo të bien nga froni. Atëhere përse ka vlerë 'i munguari'?

I munguari

Pa vonesë, unë do të tretem e shpërbëhem në fosfor, kalcium, e të tjera elemente. Kush ka mbetur që të të tregojë të vërtetën? Vetëm arshivat, asgjë tjetër. Copa letrash. E vërteta është ...Unë kam punuar vetë në arkiv, dhe ja ku po ta them copë: letra gënjen edhe më shumë se njerëzit.
Svetlana Alexievich

Në këtë libër 'i munguari' është ai që guxon të sfidojë. Është ai që shkon kundra rrjedhës, duke menduar e vepruar ndryshe. Është ai që për pak i ka shpëtuar 'bronzit'. Heroi dhe antiheroi bashkë.

Ky kapitull i kushtohet Tefës, Tefalin Malshytit, shokut tim të fakultetit. Me Tefën jam parë për herë të fundit në verën e 1995. Ishte mes korriku dhe pas 6 muajsh studimesh në Hagë, po kthehesha për në shtëpi. I kisha rënë pak gjatë, për faktin që ende nuk e dija nëse vërtetë doja të kthehesha e të rrija ne Tiranë. Në kurvertën e tragetit të shpejtë Bari – Durrës takoj Tefën. Kishim vite pa u parë dhe kur ishim ndarë nuk kishim thënë lamtumirë. Tefa kishte bërë atë që mendohej, por nuk bëhej nga shumë shqiptare. Ishte përpjekur të arratisej.

Shumë pak njerëz vinin apo ktheheshin në Shqipëri atë ditë të nxehtë korriku. Në bord kishte nja dy policë italianë, të cilët shoqëronin disa vajza shqiptare që siç mësuam ishin *kapur e dënuar për prostitucion. Shteti Italian po i kthente edhe ato të shoqëruara në vendin e tyre. Policët edhe vajzat ishin të zhurshëm, dhe i drejtoheshin njëri tjetrit me zë të larte a thua se njiheshin prej kohësh. Ngaqë udhëtonim me ditë – dielli ndriçonte bukur - në kuvertë të anijes sikur ndalohej të ishe i trishtuar dhe zotëronte njëlloj hareje absurde a thua se pasagjerëve ju kishte tepruar nga nata e kaluar.*

Tefa është i pari nga shokët e mi, i cili u ballafaqua me kufirin, me shtetin, me gjyqin, me burgun. Ai tentoi të ikë drej Jugosllavisë duke i rënë me not Liqenit të Shkodrës në 12 qershor të vitit 1989.

Liqeni i Shkodres me gjithe bukurinë e tij dhe vendndodhjen strategjike u kishte marre jetën shumë njerëzve. Aq sa dukej ftues, i ngrohte e jo i akullt si Ohri, aq ishte dhe i pabesë. Si fëmijë, shumë herë gjate verës kam shkuar me biçikletë nga Shkodra në Liqen së bashku me kushërinjte e mi. I gëzohesha atmosferës së pushimeve në Shkodër, xhiros ne piacë dhe larjeve në Liqen.

Me Tefen e njoha kur filluam shkollën e lartë për anglisht në Tiranë. Ishte një nga nga djemtë më simpatikë, me të sjellshëm e me të zgjuar të kursit. Mjaftonte dialekti shkodran për ta bërë të pranueshem e të këndshëm në bisedë. Kishim bërë tre vjet shkollë dhe po prisnin të fillonte i katërti dhe i fundit I fakultetit.

Kapja e tij gjatë përpjekjes për tu arratisur na tronditi. Ai ishte njëri prej nesh, dhe sado që të shkonim nëpër mend mundësinë e të arratisurit, shumë pak e ndanin me shokë e miq, dhe vetëm ndonjë kokëkrisur si Tefa kishte provuar të arratisej sepse çmimi i këtij veprimi ishte shumë i lartë.

Kur Tefa, që vazhdonte shkollën e larte nuk ishte i kënaqur, ndihej i kufizuar, i izoluar dhe donte më shumë, çfare duhet të bënin ata që nuk i jepej e drejta e studimit, ata që përfaqësonin armikun e klasës, ata që i binin kazmës gjithë ditën e lume, ata që për vite me rradhë u ushqyen vetëm me bukë misri, ata që e prodhonin qumështin po nuk e pinin, e korrnin grurin po nuk mund ta hanin, ata që nuk kishin asnjë perspektivë?

Vetëm me ardhjen e demokracisë, brezi im mundi të njohë, të prekë, të flasë e të komunikojë me këta 'armiq' të diktaturës që e paguan me jetën e tyre të gjymtuar shprehjen e pakënaqësisë. Shumë nga tyre nuk mbijetuan, u pushkatuan, u varrosën për së gjalli, burgjeve dhe kampeve të internimit, vetëm sepse guxonin të mendonin e të shpreheshin ndryshe, e mes tyre mjaft gra e vajza: Musinë Kokalari, Marie Tuçi, Drita Çomo e plot të tjera. Ato nuk arritën ta shikonin shembjen e diktaturës dhe kthesën historike drejt demokracisë.

Le të kthehemi te miku im. Edhe në fund të viteve 80-të, kur gjithë blloku socialist filloi të krisej e zhbëhej, ato pak shqiptarë që provuan të kalonin kufirin shumica ose ishin kapur e ishin dënuar ose ishin vrarë në vend. Çfarë e bënte edhe më të dhimbshme e mizore aktin e arratisjes së individit ishte persekutimi që i bëhej familjes së tij. Një nga të njohurit e mi në Tiranë, Andrea O., guxoi dhe u arratis i fshehur në një autobus me turistë. Andrea bënte guidën për grupet turistike dhe mendohej që ishte i besuar. Me ikjen e tij, i vëllai ju përjashtua nga fakulteti, të dy hallat në shtëpine e të cilave jetonin, komuniste të orës së parë, u përjashtuan nga Partia dhe e u internuan ne një fshat të humbur. Atje kanë qëndruar disa vjet, të ligështuara sa s'ka më, dhe vetëm kur ra sistemi, ato mundën të kthehen në Tiranë.

Sot Tefa më tregon se kur ju mbush mendja të kalonte me not në anën tjetër filloi të trejnohej që të forcohej dhe shokët habiteshin me vrullin e tij për të vënë muskuj e për tu forcuar fizikisht. Ai e ndjente që rregjimit po i vinte fundi por nuk dihej se edhe sa vjet do të zgjaste grahma e terrori. Dhe Tefa nuk kishte kohë për të humbur. Gjithçka që donte, ëndërronte ishte në anën tjeter të kufirit. Mbi të gjitha donte të ishte njeri i lirë. 'E vendosa të ikja dhe sido që të vinte puna isha i sigurt që një dite do ti gjendesha edhe familjes sime'.

Ai nuk kishte biseduar me askënd, sepse nuk donte të ndante përgjegjësinë e këtij akti 'te çmendur' me asnjëri. Dhe vërtetë nga pyetjet e para që i bënë me tytën e revolverit pas koke kur e kapën ishte: 'Ku i ke shokët?'

Shumë prej nesh e morëm vesh pas disa ditesh lajmin e kapjes se Tefës. Tefa u rrit në sytë e mi, por edhe më befasoi. Kishte sfiduar shprehjen 'i duruari i fituari', por diktaturës nuk po i shihej fundi. Si do të shkonte puna e tij? Sa vjet do të kalbej në burg, sa shumë e kishin torturuar, a donin ta benin shembull apo do ta falnin, a ishte thyer, a kishte kallëzuar?

Tefa tregon se vetem atë dite kur e kapën e kanë keqtrajtuar. Në një lloj mënyre ka qënë me fat. Jo se kishte avokat të mirë që ta këshillonte, se ateherë nuk ekzistonin avokatët e pavaruar që do të mund të mbronin një 'armik', por familja e tij ka ndërhyrë të njerëzit në pushtet në Shkodër dhe dikush e ka vënë dorën në zemër.

Përse kishte dashur të ikte? Pyetje ishte kjo? Po sigurisht që pyetje ishte, e cila donte një përgjigje. Një përgjigje që Tefa nuk e kishte menduar më parë, sepse nëse do të mendonte që do ta kapnin, nuk do të arratisej. Për të nuk kishte kthim, nuk kishte dështim. 'Doja të ndjeja atë që ndjen një i arratisur, të shkoja e të shikoja me sytë e mi se si jetojnë njerëzit andej, sepse dua të shkruaj për ata që ikin' *u ka thënë Tefa rojeve, oficerit dhe hetuesit që e merrte në pyetje sapo e kapën dhe më pas gjatë gjithë kohës kur u mbajt në arrest.*

'Të shkonte e të shikonte me sytë e tij?' Duket që nuk ishte mirë me mend e kokës, sepse asnjeri nuk niset me not per të ndjerë e kuptuar se si ndihet një i arratisur. Dukej që ishte 'i krisur'. Po, po, vetëm një i krisur bën kështu.'

Një çlirim i madh, një gjyq i inskenuar. Gjyqi u bë mbas disa muajsh, në vjeshtë të 1989. Ne kishim filluar vitin e katërt e të fundit të fakultetit, pa Tefën. Ato kohë, dy muaj me pak e dy muaj më shumë kishin shumë rëndësi. Në Shqipëri po ndiheshin valët e tërmetit të Lindjes. Në gjyq i shkuan dy shokët e tij të ngushtë Bland Ashiku dhe Roland Sejko.

Tefa u deklarua 'i pafajshëm, por i krisur'. Duhet të bënte ca kohë burg, në burgun e atyre me probleme psikike në Tiranë. Kohë të çartura. 'Gjithçka që më ka ndodhur më ka lënë shënjë. Por unë nuk i kthehem shumë të kaluares. Kur shkoj me fëmijët në Shkodër, shkojmë e lahemi në Liqen. U kam treguar se çfarë bëra dhe çfarë më ndodhi dhe kaq. Njëherë mjafton. Jeta bën perpara e nuk kemi kohë për të humbur'.

Ai që ka qene, ai ka mbetur – mendoj kur e dëgjoj që flet kështu. 'Në spital 60% ose edhe më shumë të te burgosurve ishin simulantë. Pjesa tjeter ishin vërtetë të krisur dhe *depresivë. Çdo ditë aty e kam përjetur shumë intesivisht. Ndërmjet tyre kishte edhe vrasës e kriminelë.*

Mbaj mend edhe oshëtimën që vinte nga stadiumi Qemal Stafa, ku Al Bano dhe Romina dhanë koncertin e tyre të parë. Gjithë Tirana, po edhe në spitalin e të çmendurve, njerëzit ishte mbërthyer si ndër ethe nga ajo vizitë nga perëndimi. Gjërat po ndryshonin.'

Dhe vërtetë koncerti historik i Al Banos dhe Romina Powell në Tiranë, i ngjan koncertit të parë të Rolling Stones në Havanë, në mars të 2016. Al Bano dhe Romina patën rastin të këndonin në Tiranë për një turmë ndoshta jo shumë të madhe, por për spektatorë shumë entuziastë e të ngazëllyer. Ne nuk kishim pasur rastin ti dëgjonim më parë drejtpërsëdrejti, por i dinim për mendsh, nga fillimi në fund, të gjitha këngët e tyre.

Pas disa muajsh Tefa del nga burgu. Ngjarjet e ambasadave e zënë në Sarandë. Një rast i humbur. Shkon dhe kërkon të fillojë edhe njëherë vitin e katërt të shkollës. Ministri i Edukimit i jep të drejtën të vazhdojë studimet. Tefa kishte thyer frikën. Në vjeshtë të 1990, i madhi Kadare kërkoi strehim politik në Francë. Në dhjetor të atij viti studentët protestojnë e kërkojne kushte më të mira jetese: ngrohje, drita, ushqim në mensë...

Ja si e përshkruan Tefa këtë periudhë si dhe kohët e sotme:

Asnjëri prej grupit të studënteve nuk e dinte e ndoshta edhe nuk e priste atë 'bombë' – kërkesën për pluralizëm, pluralizëm të mendimit e jo vetëm kërkesa për drita e ngrohje. As Azem Hajdari nuk e dinte se çfare kisha shkruar në atë copë letër me kërkesa përpara takimit me Ramiz Alinë. Azemi ishte nja 10 vjet më i madh se ne, studentët e tjerë, prandaj mund të them që jam i vetmi student i grupit themelues të Partise Demokratike. Por, shpesh kam menduar që ndoshta udhëheqja pikërisht ato kërkesa donte të dëgjonte nga ne, studentët. Në ato ditë të ethshme, me ne ishte edhe një student tjetër, Akli Fundo. Pas pak ai u tërhoq dhe doli krejtësisht nga skena. Ndoshta sepse ata që u bashkuan më pas nuk përfaqësonin as studentët e as popullin. Së pari ata nuk kishin botëkuptim perëndimor. U bashkuan sepse panë një mundësi. Mendoj që disa edhe i kanë urdhëruar që të bënin disidentin. Disa të tjerë donin të përfitonin nga ndryshimet dhe dinin se si edhe në këto kohë të trazuara. Përveç Gramoz Pashkos, që ishte i pafuqishëm, dhe Aleksandër Meksit, i cili ishtë shumë i tërhequr, të dy me botëkuptim perëndimor, tek të tjerët, nuk shikoja ndonjë idealizëm.

Rradhët e atyre që kërkonin demokraci e pluralizëm u mbushën me komunista 'të pakënaqur', u futen ata të nomenklaturës, dhe jo ata që vërtetë kishin vuajtur.

Ata që kishin vuajtur tamam e kishin qënë të përsekutuar kishin frikë. Por si mund ta pranonin e për më tepër ta propagandonin komunistët demokracinë perëndimore, atë mënyrë qeverisje e jetese e atë botëkuptim të cilin deri dje e kishin dënuar?

Prandaj them që ka shumë mundësi që e gjitha është kurdisur me qëllim, që ata u futën nga Partia, për dy arsye të thjeshta: Partia kontrollonte në këtë mënyrë kursin e 'kundërshtarëve' të saj dhe i tregonte masës së komunistëve që vetë Partia duhet të ndryshonte kurs, sepse gjoja ishte nën presion. Mundet që këta komunistë 'të moderuar' të kishin probleme me krahun konservator.

Fakt është që një ditë të bukur, pas ngjarjeve të dhjetorit e themelimit të Partisë Demokratike, isha në zyrën e PD-së i rrethuar nga këta tipa kur dëgjova që njerëzit po iknin me anije. Vendosa të iki edhe unë; së bashku me shumicën e elektoratit të mundëshëm të PD-së, e cila nuk i fitoi zgjedhjet e para pluraliste.

Ika me anijen Iliria. Nuk do t'i harroj kurrë dritat e një kompleksi kimik, afër Brindisit, të cilat na tregonin udhën e na ndriçonin ashtu siç nuk kishim qënë kurrë të ndriçuar.

Në Itali na kanë trajtuar shumë mirë, që nga fillimi nëpër kampe e deri në fund kur mund të lëviznim vetë e të krijonim miqësi. Gjeta menjëherë punë. Në jug kam ndenjur nga 1991 deri në 1997. Në veri u stabilizova me punë në një fabrikë mobiljesh, në Pordenone midis Venecias dhe Triestës dhe ende aty punoj. Puna e përgjegjësite e mia kane ndryshuar ndër vite, sepse në fabrikë ka ndryshuar proçesi, personeli, dhe vitet e fundit ka rënë edhe kërkesa për kësi lloj mobiljesh.

Jugu i Italisë vërtetë ka ndryshim të madh me Veriun, sepse Italia është e madhe. Ajo fillon në mes të Europës e mbaron në brigjet e Afrikës. Shumica e shqiptarëve që erdhën këtu përpara 25 vitesh janë integruar. Pak prej tyre u izoluan e nuk arritën të integrohen, por pritja jonë nuk mund të krahasohet me pritjen që u bëhet sot refugjatëve që mbërrijnë nga Afrika.'

Shkodrën e kam si shtëpinë e dytë, atje kam nënën e të afërmit. Atje shkoj me gjithë familjen për pushime. Fëmijët jane lindur e rritur në Itali. Ata janë edhe me rebelë se unë. Sidomos më bën përshtypje vajza që është e lirë, krejt kokë me vete. Në Shqipëri shkojmë me makinë, ngjitemi në Trieste e pastaj marrim teposhtë për nga Kroacia e Mal i zi. Nuk e di, por sapo futemi në ish Jugosllavi më duket sikur kam mbërritur edhe në Shqipëri.

Mendoj se në Shqipëri po ndërtohet një kapitalizmin i vjetër, pa fytyre humane. Shpejt dallimi midis kapitalizmit shqiptar dhe ekonomive të internetizuara do të jete shumë i madh.

Mendoj që duhet të kursejnë, të mos rrisin borxhin dhe të mos lënë në qafë brezave që vijnë. Shiko Greqinë e problemet me të cilat ballafaqohen njerëzit aty. Kungulli nuk ecën gjithmonë mbi ujë. Gjithashtu edhe ata që investojnë apo duan të investojnë në vend duhet jo vetëm të shfrytëzojnë krahun e lirë të punës, por edhe të lënë diçka në të mirë të vendit.

Të gjithë si individë jemi e veçantë e të përveçëm. Janë institucionet e sistemi, ndaç në epokën komuniste, ndaç tani, që përpiqen të na njehësojnë. Megjithatë gjithmonë jam përpjekur të dyshoj, të vë në pikëpyetje përgjigjet e gatëshme, çdo gjë rreth meje, duke dhënë përgjigjet e mia në bazë të përvojës sime dhe të të tjerëve. Nganjëherë përgjigjet e zgjedhjet e mia kanë qënë të mira e nganjëherë nuk më kanë çuar askërkund, por sidoqoftë kanë qënë përgjigjet e mia.

Sot njerëzit këtu në Itali dhe në Shqipëri jane të lirë të dyshojnë, të vënë në pikëpyetje konceptet e vlerat e jetës dhe të shprehen të lirë, pa frikë se do të përfundojnë në burg. Liria është bërë e përditshme, koncept i pandashëm i jetës sonë dhe pyes veten se çfarë bënin atëherë pa liri fjalë e pa mjete komunikimi si Internet.

Sot kufijtë janë atje ku i ve ti vetë dhe unë përpiqem t'i vendos sa më larg që të jetë e mundur.

Në atë kohë më pëlqente shumë Migjeni, i cili mbetet bashkëkohor e aktual në shumë pikëpamje. Dhe të mendosh që shtëpia e tij muze në Shkodër nuk ekziston më!

Më pëlqente shumë Kadareja. Letërsia e tij ishte një dritare në botën e mbyllur të asaj kohe. Vlerësoj shumë Fan Nolin për jetën e veprën e tij. Tani nuk kam as kohë as qetësinë e nevojshme që të lexoj aq shumë sa dikur.

Sot nuk identifikohen me njeri dhe po të

identifikohesha nuk do të bëja mirë. Sigurisht që ndaj me miq fragmente mendimesh, fragmente jete, ide që përkojmë me ato të komunitetit, dhe gjithmonë kështu gjen atë shokun, mikun tënd me të mire, i cili të ngjan, në rastin tim mikun tim të mirë Ed Simonin.

Me kujtohet një ditë që kam qënë në Venecia së bashku me Blandin, Ed Simonin e Land Sejkon. Krejt rastësisht janë gjendur të tre tek unë këtu në Pordenone. U organizuam falë Blandit, i cili na shtyu të mblidheshim me shpejtësi. Ishte vërtetë një gje e mirë që takoheshim të katërt pas shumë kohësh. Blandi erdh nga Tirana për në Venecie, Landi mori trenin nga Roma dhe kur u mblodhëm Landi na propozoi të shkonim në Venecie, sepse miku yne Adrian Pazi po merrte pjesë në një ekspozitë ndërkombëtare me duket me një projekt të titulluar 'Vendi im nuk ekziston'. Një ditë krejt e veçantë.

Cila ishte dhe është busulla yte? A beson ne Zot? Shpesh mendoj për atë që vulosej si ,mirë' apo 'keq' në ato vite. Diçka na ka mbetur nga ajo 'shkollë'.

Tani që po të flas, jam në park me të voglin tim, Amadeusin, dhe po shoh një plak të mbajtur mirë me dy fëmijë të zinj, edhe ata të veshur mirë e shumë të sjellshëm. Një nga fëmijët i drejtohet të moshuarit me mustaqe të bardha me fjalën 'gjysh'. Dhe mendoj se sa të papërgatitur jemi ne shqiptaret për këtë lloj integrimi racash, kur në Shkoder, të paktën këtëe di me siguri, jevgjit - romët jetojnë ende nëpër ghetto.

Ndërsa në lidhje me zotin, shumë perandori jetuan pa zot. Zotin do ta identifikoja me natyrën. Ai është në natyrën e gjërave. Për mua zoti ashtu siç propagandohet nuk ekziston. Ne përpiqemi të kuptojmë çfarë ndodh rreth nesh dhe për këtë kemi shpikur edhe një busull. Por zoti është brenda nesh, është kërkimi ynë për të jetuar në ekulibër me natyrën. Në këtë kuptim unë nuk jam besimtar, por 'natyralist'. Dhe nuk na mbetet gjë tjetër vetëm që atë që është e prekshme nga gjithë kjo ta jetojmë ashtu siç thote Kundera me 'lehtësinë e të qenurit'. Koha është busulla që domimon gjthshka.

E me pas vinë edhe fetë, të cilat përpiqen të negociojnë lidhjen tonë me kohën, por në fakt kane pushtet aq sa për të krijuar identitete. Asgjë më shumë se kaq.

Sot shkenca i ka kaluar fetë me përpjekjet e saj për të shpjeguar e lehtësuar jetën e gjithçka që është e rëndësishme për ekzistencën tonë.

Kam lindur në Shqipëri dhe jam adoptuar nga Italia, dhe në Europe ndihem mjaft mesdhetar. Dua diellin, detin, dhe ushqimin e mirë, dhe më pas edhe atë komedine a la italiane që lind në të përditshmen, si edhe në Shkodër.

Asnjëherë nuk i kam shkëputur lidhjet me vendin

tim, por sa herë që shkoj dhe rri dy-tre javë atje dua të kthehem në shtëpi, në Itali. Sepse këtu e kam ndërtuar jetën, këtu kam familljen, fëmijët dhe punën, dhe më pelqen më shumë qyteti e qytetaria e këtushme.

Nëse këto nuk do të kishin aq peshë ndoshta një dite do të konsideroja kthimin nse këto nuk Sepse ka gjera që më pëlqëjne edhe atje, prandaj ndoshta kur të dal në pension do të shkoj e do t'i gëzohem vendit tim. Tani për tani nuk bëhet fjalë, por ndoshta në të ardhmen.

Mbyllje

DY MENDIME TË KUNDËRTA MË *vinë në kokë tek përpiqem të përfundoj këtë libër.*

Jetojmë në kohë të turbullta e të ndërlikuara me përplasje lokale e globale rrymash, kulturash, mendësish e qytetërimesh. Jeta jone si individë, në komunitete e shoqëri të ndryshme, është e brishtë dhe me sa duket shpesh në dorë të bankierëve të çartur, të militaristëve gjakndezur, të fundamentalistëve me shumë ngjyra, të shërbimeve sekrete, të ndryshimeve të klimës dhe themeluesve të rrjeteve sociale që po e përmbysin realitetin, duke marrëmpërpara gjithkënd e gjithçka e duke rikonstruktuar perceptimet tona.

Mendimi tjetër, me realist e jo fatalist, ka të bëjë me atë që shqiptarët e sotëm, përfshi këtu brezin tim dhe gjithë miqte e mi shqiptarë të shpërdarë nëpër botë, nuk kanë qënë kurrë më të lirë, me të mirëqenë, më të ditur, me të lidhur, me të ndriçuar, me të parë e të mirëkuptuar. Shqipëria, me githë punët e pambaruara dhe mentalitetet e mykura që i rezistojnë ndryshimeve e zhdukjes, nuk ka qënë asnjëherë më e begatë, më e bukur e më tërheqëse se sa sot.

Nese doni të dini vazhdimin e historive të miqve të mi, ja ku po them që janë të gjithë shumë mirë. Sigurisht portretet e tyre mbeten aktuale për aq kohë sa ata duan të identifikohen me këto shkrime. Me kalimin e kohës, të gjithë ne mund të mendojmë, flasim e ti shikojmë gjërat ndryshe.

Fjalë mirënjohjeje

Dua të falënderoj edhe njëherë *të gjithë miqte e mi duke ju uruar shëndet e jetë për të menduar e gëzuar.*

Dua të falenderoj edhe këta njerëz të dashur pa të cilët ky libër nuk do të dilte në dritë. Së pari mamin dhe babin për besimin, më pas mikun tim Gjonin për frymëzimin, kurajon e këmbënguljen që të mbaroj atë që nis, po vazhdoj me dy ëngjëjt mbrojtës të famijes sime në Holandë - Mariusin and Gerin, Danielin për gjithë ndihmën në formulimin grafik, dhe miken time Bryonin e cila u përkushtua dhe ndihmoi profesionalisht për redaktimin e përshtatjen e variantit anglisht të librit, duke bërë pyetje për sendet, faktet e 'të vërtetat' që hasi tek u zhyt pa maskë në thellësitë e rrëfimit.

Falenderoj këtu edhe koleget e Kulturvermittlung Steirmark që mundësuan një qëndrim disa javor si shkrimtare e ftuar në qytetin e Grazit në pranverë të 2015.

CARABELA

www.ingramcontent.com/pod-product-compliance
Lightning Source LLC
Chambersburg PA
CBHW070848050426
42453CB00012B/2091